Marianne Heller-Seitz

Neue Ideen für das Malen auf Seide

mit Vorlagen in Originalgröße

Marianne Heller-Seitz

Neue Ideen für das Malen auf Seide

mit Vorlagen in Originalgröße

Augustus Verlag
Augsburg

Inhalt

Material

Werkzeug

Technische Handgriffe

Neue Techniken mit Seidenmalfarbe

Neue Techniken mit Farbgutta

Kombinierte Techniken

Neue Ideen für modische Akzente

Neue Ideen als Blickfang für die Wohnung

Neue Ideen für aparte Kleinigkeiten

Anhang

Meiner Mutter gewidmet

Einfach herzustellen ist dieses Tuch mit Wattebäuschen und Fön (vgl. auch Abb. Seite 39)

Statt eines Vorworts

Bei Seidenmalern tobt ein Kampf
ob mittels Bügeln oder Dampf
soll das Kunstwerk haltbar sein.
Um zu lindern diese Pein:
»Ach, mit Dampf wird's doch viel schöner!«
»Nein, mit Eisen geht's bequemer!«
fällt uns was viel Bess'res ein:

Neu sind die **Ideen** hier
(das zumindest hoffen wir!)
für das häusliche Revier,
für Akzente an dem Kleide,
daß es wird zur Augenweide,
und für hübsche, kleine Sachen,
die den Leuten Freude machen.

Auch die **Technik** ist des öftern
noch ganz **neu** und nicht von gestern.
Praktisch auch noch obendrein!
Schauen Sie ins Buch hinein,
werden Sie begeistert sein!

Vergessen sind dann Dampf und Bügeln,
die Malerei trägt Sie auf Flügeln
hinein ins Zauberreich des Schönen.
(Nur Zeit, die müssen Sie sich nehmen!)

Ich wünsche Ihnen für »dort drüben«
sehr viel Erfolg und viel Vergnügen !

Ihre

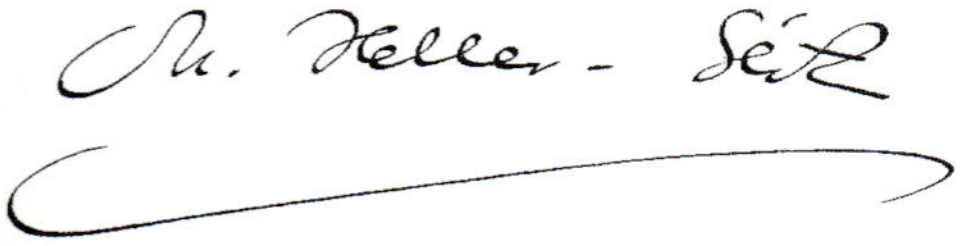

Material

Material und Werkzeug werden nur insoweit behandelt als sie hier Verwendung finden. Nur hin und wieder benötigte Materialien und Werkzeuge sind an Ort und Stelle aufgeführt. Über Beschaffungsmöglichkeiten informiert das Bezugsquellen-Verzeichnis auf Seite 66.

Seide

Pongé ist eine Zuchtseide in Leinwandbindung, d. h. Kett- und Schußfäden sind gleich stark und auf die einfachste Art verwebt (wie z. B. Sackleinen). Das kommt dem Fließverhalten der Seidenmalfarbe zustatten, weil sie sich gleichmäßig nach allen Richtungen ausdehnen kann.

Pongé wird hier durchwegs in der mittleren Gewichtsklasse 08 (ca. 33g/qm), der Breite von 90 cm und – mit zwei Ausnahmen – der Farbe Weiß verwendet.

Doupion ist eine Mischung aus Zuchtseide (Kettfäden) und Wildseide (Schußfäden). Letztere gibt ihr die lebendige Struktur und das Gewicht von ca. 100 g/qm. Doupion wird hier – mit einer Ausnahme – bereits eingefärbt verwendet. Irisierende Farbtöne entstehen durch verschiedene Einfärbung der beiden Fasern.

Doupionseide eignet sich wegen ihrer Dichte bzw. Undurchlässigkeit und schönen Farbigkeit bestens für die Techniken mit Farbgutta und das Aufspannen auf Karton.

Auf Baumwollvlies gesteppter und mit Baumwollnessel unterlegter Doupion eröffnet neue Möglichkeiten in der Seidenmalerei (siehe Teewärmer Seite 41 und Steppdecke Seite 48).

Jacquardseide ist ein aus matten und hochglänzenden (Appretur!) Fäden nach einem komplizierten Webverfahren in sich gemustertes Gewebe. Es bringt neue Anregungen in die Seidenmalerei (Raumteiler »Biedermeier« Seite 56 und Wandbehang »Italienische Nacht« Seite 59).

Pongé links, hat Leinwandbindung mit gleichen Schuß- und Kettfäden. Doupion unten, hat Leinwandbindung mit unterschiedlichen Schuß- und Kettfäden.

Farben

DEKA-Silk sind Seidenmalfarben, die durch einfaches Bügeln 100% lichtecht, 100% waschecht und 100% reinigungsecht werden. Sie sind wasserlöslich, also mit

Wasser verdünnbar, die Pinsel sind in Wasser auswaschbar. Alle Farben können untereinander gemischt werden. Neben einer großen Palette leuchtender Farbtöne sind reizvolle Pastelltöne lieferbar. DEKA-Silk trocknet schnell an der Luft.

Durch den Bindemittelanteil der Farbe wird die Seide minimal versteift, was aber sogar von Vorteil sein kann.

Ratschläge für den Umgang mit DEKA-Silk finden Sie auch im Abschnitt »Praktische Tips aus dem Atelier« (Seite 14).

DEKA-Silk Konturmittel, im folgenden »Farbgutta« genannt (farblose Gutta findet hier nur im Raumteiler »Biedermeier«, Seite 56, Verwendung), ist eine cremige Farbsubstanz, die in Silber, Gold, Kupfer, Pink, Rot, Blau, Violett, Grün und Schwarz erhältlich ist. Mit Ausnahme von Schwarz hat sie einen irisierenden, metallischen Glanz, der von synthetischen Glanzpigmenten herrührt. Farbgutta ist untereinander mischbar, wird durch Bügeln fixiert und hat danach dieselben guten Eigenschaften wie DEKA-Silk.

Farbgutta trocknet relativ langsam. Sie ist in Plastikfläschchen und im Glas zu 45 ml zum Nachfüllen erhältlich.

DEKA-PermDeck-Stoffmalfarben sind für das deckende Malen auf dunklen Stoffen bzw. auf Seidenmalereien durch ihren Schlämmkreideanteil geeignet. Es gibt sie in 20 intensiven Farbtönen.

DEKA-PermDeck-Farben sind pastenartig, untereinander mischbar, wasserlöslich, vermalen sich randlos und gleichmäßig und trocknen relativ schnell. Sie werden wie DEKA-Silk und Farbgutta durch Bügeln fixiert und dadurch 100% waschecht, 100% lichtecht und 100% ribbelfest, jedoch *nicht* reinigungsbeständig.

DEKA-Silk Seidenmalfarbe (unten), DEKA-Silk Konturmittel für Seidenmalerei (links oben), DEKA-PermDeck Stoffmalfarben (oben rechts), werden durch Bügeln haltbar gemacht.

DEKA-Permanent eignet sich als klassische Stoffmalfarbe hervorragend zum Malen, Drucken und Schablonieren auf weißen und hellen Stoffen. Sie ist lichtecht, waschecht bis 60° C und reinigungsbeständig. Nach der Bügelfixierung bekommt sie einen weichen Griff. (Sie liefert das »Gold« für »Oster-Park« Seite 30.)

Vliesofix und Bügelvlieseline

Vliesofix ist ein sehr feiner, beidseitig klebender Vliesstoff, auf einer Seite körnig, auf der anderen durch eine Folie geschützt. Er dient zum Anbringen von Marmorierarbeiten auf Seidenmalereien durch Bügeln. Er ist waschecht und reinigungsecht. Bügelvlieseline ist ein einseitig klebender Vliesstoff.

Papiere

Kartons sind Papiere, die mindestens 170 g/qm wiegen (Postkarten-Qualität). Sie werden hier vor allem als 1 – 2 mm starke weiße Kartons verwendet, z. B. für Rahmen (Passepartoutkarton) und zum Aufpinnen z. B. von Doupionseide.

Lampenschirmkarton ist ein ca. 0,5 mm starker, auf einer Seite selbstklebender und mit Folie geschützter Karton, verwendet zum Verstärken von Seidenmalereien z. B. für Buchzeichen.

Transparentpapier ist ein durchsichtiges und relativ stabiles Papier zum Durchzeichnen bzw. Übertragen von Motiven.

Pergamentpapier eignet sich wegen seiner Glätte und farbabstoßenden Wirkung als Zwischenschicht beim Bügeln.

Kohlepapier, das im Spezialgeschäft auch in Weiß und Rot und in ca. vierfacher Größe (43 x 61 cm) zum gewohnten Format erhältlich ist, wird benötigt zum Durchpausen der Vorlage auf die undurchsichtige Doupionseide.

Zeichenpapier, z. B. vom Malblock, unbedrucktes Zeitungspapier oder Packpapier wird beim Vergrößern der Motive gebraucht.

Küchenpapier soll man zum Aufsaugen von Wasser und Farbe bereithalten.

Werkzeug

Pinsel

Für DEKA-Silk nimmt man z. B. einen Verwaschpinsel, im folgenden »Katzenzungenpinsel« genannt, in der Größe 2. Er ist sowohl für flächiges als auch detailliertes Malen geeignet und besteht aus Rinderohrenhaar (unten rechts).

Benötigt werden auch Aquarellpinsel, Synthetik oder Echthaar, in den Größen 10, 12 oder 14. Aquarellpinsel, auch abgenutzte, Größe beliebig, dienen zum Einfüllen von Farbe in den Ringpinsel oder den Flachpinsel (unten Mitte). Der Ringpinsel, Größe 2, ist ein runder Borstenpinsel mit Plastikzwinge (unten links), über welche er gut abgerollt werden kann (siehe »Rollier-Technik« Seite 24), Flachpinsel aus Borsten oder Haaren mit 36 mm Breite (= 1 1/2 Zoll) und 60 mm Breite (= 2 1/2 Zoll) dienen zum Ziehen und Kippen bei der Rollier-Technik (oben links).

Für Farb-Gutta und DEKA-Perm-Deck nimmt man Flachpinsel, Borsten oder Synthetik, in den Größen 1, 2, 4, 6, 8, 12 oder 14 (oben rechts).

Pinsel sind das wichtigste Werkzeug. Sie sollen sofort nach Gebrauch mit Wasser (und Seife) gereinigt und immer mit dem Tuff nach oben aufbewahrt werden.

Guttafläschchen

Diese Plastikfläschchen (Seite 7, oben links) sollen bequem in der Hand liegen (es gibt besonders dünne Fläschchen für kleine Hände).

Die Pinsel unten rechts brauchen Sie zum Malen mit DEKA-Silk. Die Pinsel oben rechts brauchen Sie zum Vermalen des Konturmittels und der DEKA-PermDeck-Stoffmalfarbe. Die drei dicken Pinsel links werden für die Rollier-Technik verwendet (siehe Seite 24).

Metallfedern

Am brauchbarsten sind Metallfedern mit einem Durchmesser von 0,5 mm. Für Silbergutta empfiehlt sich ein Durchmesser von 0,4 mm.

Rahmen

Stufenlos verstellbarer Seidenmal-Spannrahmen aus weichem, astfreiem Abachi-Holz, Nutzgröße 50 x 50 cm bis 98 x 98 cm bei gleichbleibender Arbeitshöhe von 6 cm.

Markierungsnadeln

Sie verdecken nichts und dringen leicht in das weiche Rahmenholz ein. Die Nadeln sollten farblose oder weiße Köpfchen haben, damit sie die Farbkomposition nicht stören.

Phantomstift

Mit dem Phantomstift wird das Motiv auf die Seide gezeichnet. Die violetten Striche verschwinden nach einigen Tagen durch Luftfeuchtigkeit oder beim Waschen sofort. Für dunkle Stoffe gibt es »Strich-Ex-Stift WEISS«.

Stoffschere

Damit wird nur Seide geschnitten.

Haushaltschere

Sie dient zum Schneiden von Papier und kaschierter Seide.

Bügeleisen

Am besten eignen sich die Bügeleisen mit geschlossener Bügelfläche. Dampföffnungen bzw. Kalkablagerungen können leicht die Seide aufrauhen.

Technische Handgriffe

Es werden nur die technischen Handgriffe vorgestellt, die mit den hier vorgestellten Objekten zu tun haben. Grundlegende Fertigkeiten, wie z.B. das Aufspannen auf Rahmen und die Handhabung von Gutta, werden als bekannt vorausgesetzt.

Vorwaschen

Da jeder Stoff, der im Handel ist, auch Schrägbänder, mit irgendeiner Art von Appretur (dazu gehört auch Weichspüler) behandelt worden ist, muß die Seide vor dem Bemalen durch gründliches Waschen davon befreit werden. Geschieht dies nicht, so können sich Farbe und Faser nicht verbinden und die Wasch- und Reinigungsbeständigkeit kann nicht garantiert werden. DEKA hat hierfür das Produkt TextilFit entwickelt. Im folgenden wir das Vorwaschen als vorbereitende Maßnahme vorausgesetzt und nicht mehr erwähnt.

Gefütterte und gesteppte Seidenobjekte sind frei von Appretur.

Einsäumen

Das Einsäumen erfolgt bei Pongé von Hand, bei Doupion und Jacquard kann es auch mit der Maschine geschehen. (Gesteppte Seide wird mit einem Schrägband umbörtelt, s. S. 48.) Es sollte immer **nach** dem Vorwaschen – Seide läuft in der Längsrichtung um ca. 10 % ein! – und **vor** dem Bemalen geschehen: Markierungsnadeln können dann in den Saum gestochen werden, und das endgültige Betätigungsfeld ist verfügbar.

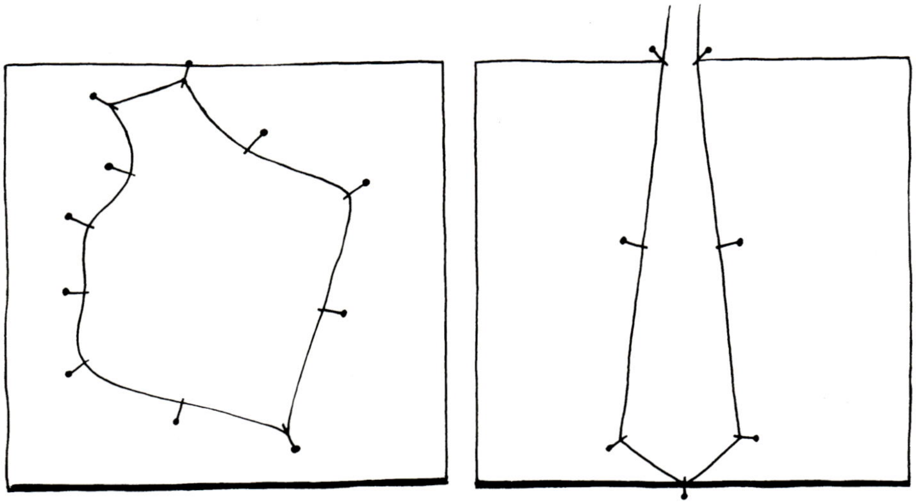

Auf Karton lassen sich Krawatten und kleinste und unregelmäßige Reste von Doupionseide problemlos aufspannen.

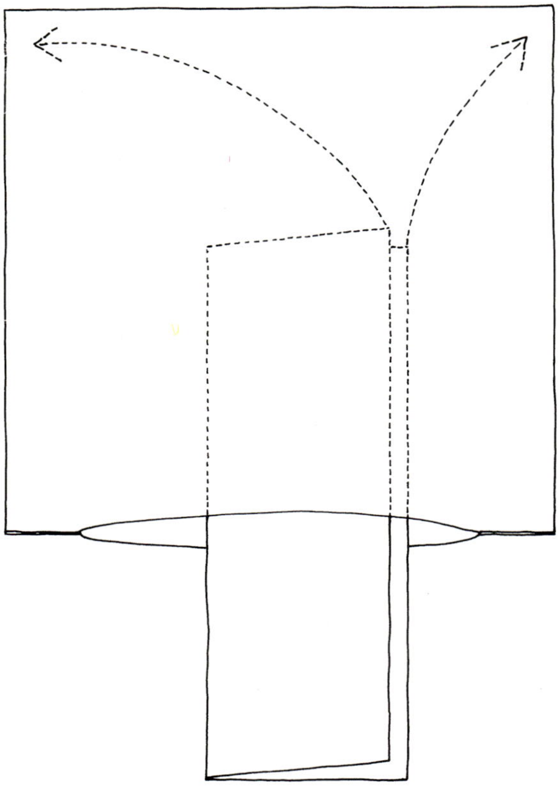

Die Rückseite fertig genähter Kissenhüllen wird durch einen eingeschobenen Karton geschützt.

Aufspannen auf Karton

Kleinste und unregelmäßige Seidenstücke können mit dieser Technik aufgespannt werden, ebenso Krawatten, die sich auf Rahmen leicht verziehen. Längliche Formate müssen etappenweise gearbeitet werden. Das Verfahren ist vor allem für Doupion und die neuen Techniken mit Farbgutta geeignet.

Material und Werkzeug:
Weißer Karton, 2 mm – 3 mm stark, ca. 50 x 50 cm, Markierungsnadeln.

So wird's gemacht:
Karton auf Tisch und Seide auf Karton legen, mit schräg eingestochenen Nadeln festspannen, so daß die Nadelspitzen den Karton nicht durchbohren.

Einschieben von Karton

Fertig genähte Kissenhüllen können – ohne daß Farbe auf das Rückenteil durchschlagen kann – in den neuen Techniken mit Farbgutta bemalt werden.

Material und Werkzeug:
Dünner Karton beliebiger Farbe (z. B. »Fotokarton«), Schere, Alleskleber.

So wird's gemacht:
Karton auf gewünschtes Format zuschneiden bzw. zusammenkleben, auf Öffnungsbreite der Kissenhülle zusammenfalten, in die Hülle schieben, auseinanderklappen.

Kaschieren mit Lampenschirmkarton

Das Verfahren ermöglicht das saubere Aufkleben von Seide auf Karton ohne Klebstoff.

Material und Werkzeug:
Lampenschirmkarton, Schere.

So wird's gemacht:
Lampenschirmkarton nach Bedarf zuschneiden, Schutzfolie abziehen, Malerei fadengerade auflegen, von der Mitte nach außen streichend faltenfrei aufkleben. Ausschneiden.

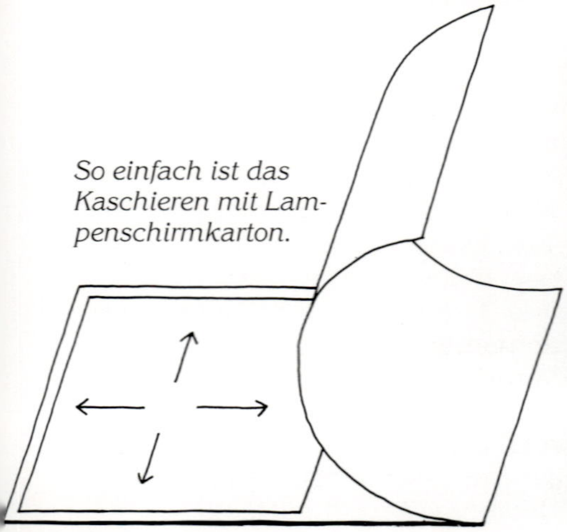

So einfach ist das Kaschieren mit Lampenschirmkarton.

Applizieren mit Vliesofix auf Textil

Ohne Nähen kann eine Seidenmalerei auf ein textiles Objekt appliziert werden und bleibt dabei waschecht und einigungsbeständig.

Material und Werkzeug:
Pergamentpapier, Vliesofix, Bügeleisen, Schere.

So wird's gemacht:
Bügeldecke mit Pergamentpapier schützen oder Vliesofix etwas kleiner halten als die Seidenmalerei. Körnige Seite von Vliesofix auf Rückseite der Malerei mit Einstellung »Seide« aufbügeln, Motiv ausschneiden. Schutzfolie abziehen, Motiv unter Pergamentpapier auf seinen neuen Träger aufbügeln.

Mit Vliesofix kann spielend leicht und schnell appliziert werden.

Zwischen Pergamentpapieren wird ein Motiv auf die körnige Seite von Vliesofix gebügelt.

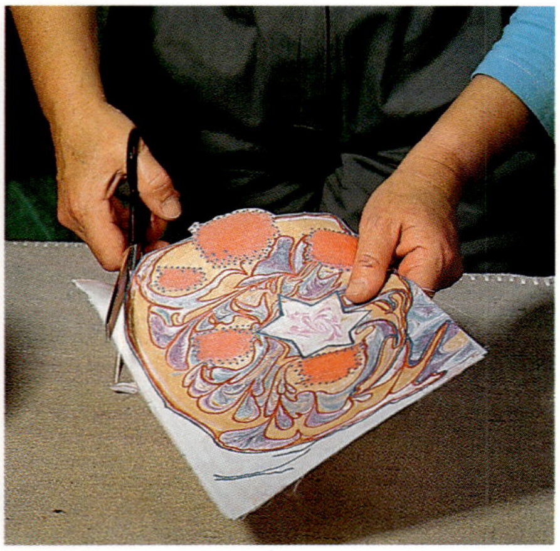

Das Motiv wird ausgeschnitten.

Die Schutzfolie wird jetzt vom Vliesofix abgezogen und die Applikation mit der Vliesofixseite auf einen Trägerstoff aufgelegt.

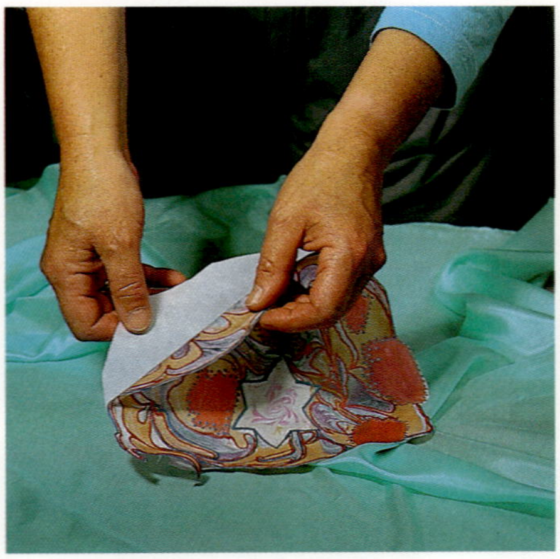

Ein Pergamentpapier wird darüber gelegt und die Applikation kann jetzt auf den Trägerstoff angebügelt werden.

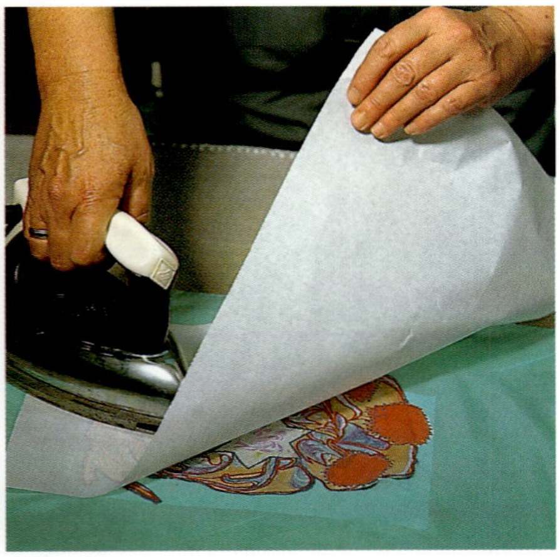

Eine bewährte Methode zum Vergrößern von Motiven. Das Verhältnis von Länge zu Breite ist hier jeweils 6:5.

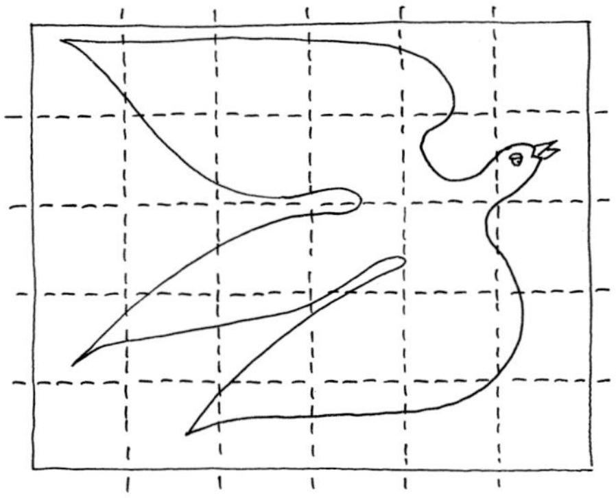

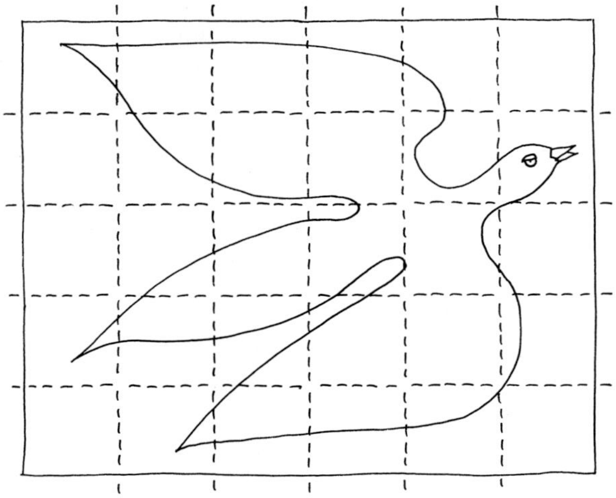

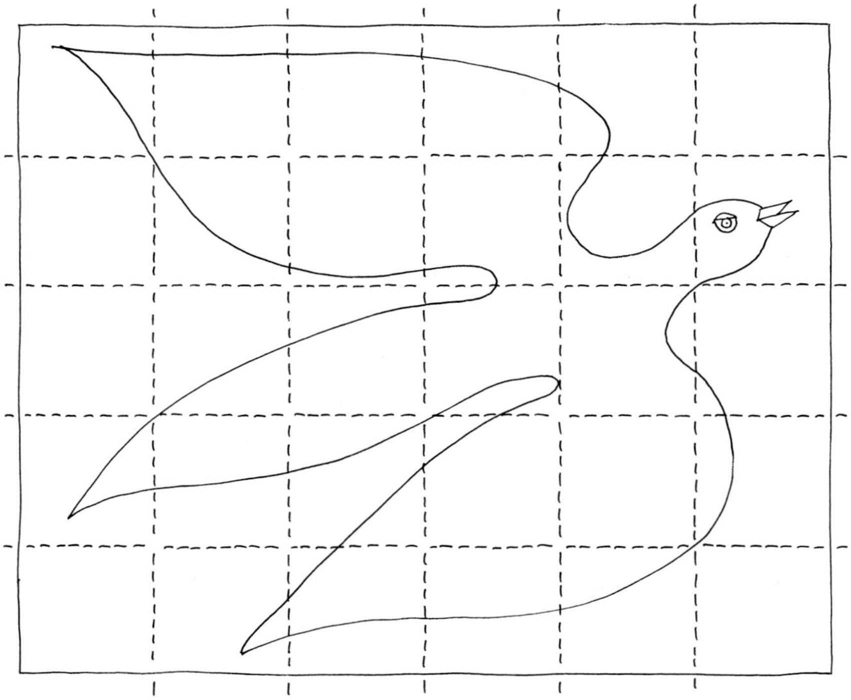

Applizieren mit Vliesofix auf Karton

Ohne lästige Klebearbeit können Seidenmalereien auf und um Kartons »bügelgeklebt« werden.

Material und Werkzeug:
Seidenmalerei, Vliesofix, weißer Karton, Falzbein, Bügeleisen, Schere, Pergamentpapier.

So wird's gemacht:
Karton nach Bedarf zuschneiden (lassen!), Malerei exakt auf Kartonmaße abstimmen (Fäden ziehen, markieren mit Phantomstift), Nahtzugaben zum Umkleben mitberechnen. Am Stück aufspannen und bemalen und auf Vliesofix aufbügeln. Mit den Nahtzugaben ausschneiden, Schutzfilm abziehen, unter Pergamentpapier die kaschierte Seidenmalerei bei mäßiger Hitze auf Karton aufbügeln.

Nahtzugaben um den Karton legen, von der Mitte zu den Rändern aufbügeln, Ecken mit Falzbein exakt ausformen, überschüssige Seide hochziehen, abschneiden, Ecken verbügeln. (Vergleiche auch Abbildung Seite 52. Arbeitsvorgang Spiegelrahmen).

Vergrößerung des Entwurfs

Material und Werkzeug:
Transparentpapier, Zeichenpapier, Falzbein, Metermaß, Bleistift, Radiergummi, schwarzer Filzschreiber.

So wird's gemacht:
Transparentpapier auf Vorlage legen, Motiv nachzeichnen. Länge und Breite des Transparentpapiers abmessen. Länge und Breite des Vergrößerungspapiers müssen proportional zur Motivzeichnung berechnet werden, indem man entweder das gewünschte Längen- oder Breitenmaß zugrundelegt.

Vergrößerungspapier ebensooft der Länge und Breite nach falzen wie das Transparentpapier. Je enger man das Raster anlegt, umso genauer wird die Vergrößerung.

Mit Bleistift (Korrekturmöglichkeit!) werden die jeweiligen Rasterinhalte in die vergrößerten entsprechenden Raster mit Hilfe der Schnitt- bzw. Anhaltspunkte freihändig übertragen. Mit schwarzem Filzschreiber das Motiv schließlich nachzeichnen.

Übertragen des Entwurfs auf durchsichtige Seide

Material und Werkzeug:
Tesafilm o. ä., Phantomstift.

So wird's gemacht:
Entwurf auf Arbeitstisch festkleben, Seide darüberlegen, rundum festkleben, Motiv mit Phantomstift nachzeichnen.

Übertragen des Entwurfs auf undurchsichtige Seide

Material und Werkzeug:
Zeitungspapier, Stecknadeln, Kohlepapier, Kugelschreiber.

So wird's gemacht:
auf einem Stoß Zeitungspapier Seide mit Stecknadeln befestigen, Kohlepapier darüberlegen, ebenso befestigen, mit Kugelschreiber Motivvorlage gut durchpausen. Farbgutta überdeckt später die Kohlelinien.

Vergrößern des Kohlepapiers

Sollte das Kohlepapier zu klein bzw. als großes Format nicht zu haben sein, so lassen sich auf einfache Weise die üblichen DIN A4-Formate zu beliebiger Größe zusammenfügen.

Mit Vliesofix lassen sich auch Kohlepapiere zusammenfügen.

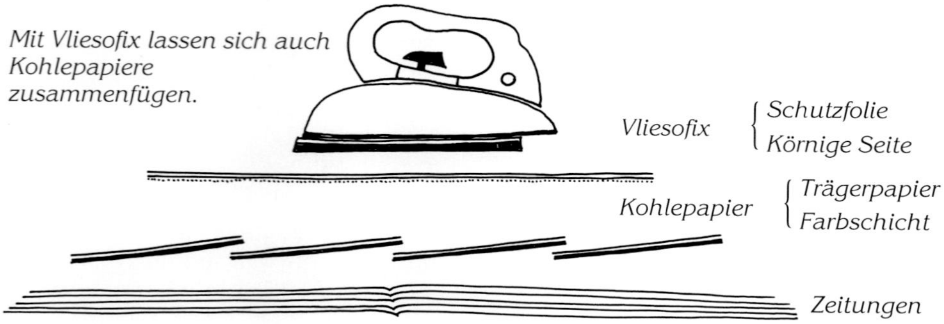

Material und Werkzeug:
Zeitungspapier, Kohlepapiere, Vliesofix, Schere, Bügeleisen.

So wird's gemacht:
In gewünschtem Kohlepapierformat Vliesofix zuschneiden, entsprechend viele Kohlepapiere leicht überlappend mit der Farbschichtseite nach unten auf einem Stoß Zeitungspapier auslegen, Vliesofix mit körniger Seite vorsichtig darüberlegen, aufbügeln, Schutzschicht belassen.

Ein Lineal kann auch dann hilfreich sein, wenn man die Linie nicht direkt an ihm zieht.

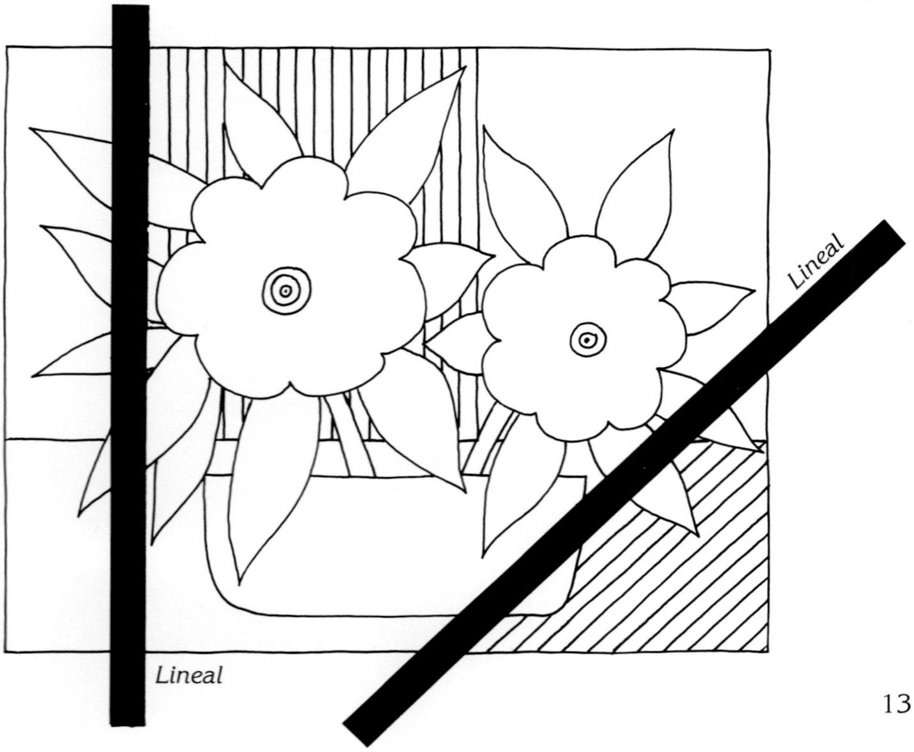

Ziehen einer geraden Linie über eine freie Fläche

Den Zielpunkt anvisierend, wird die Linie zum Ziel gezogen. Es nützt nichts, den Verlauf einer Linie ängstlich zu verfolgen. Der Zielpunkt ist es, der wie mit magnetischer Kraft die Linie auf kürzestem und damit geradem Weg anzieht.

Ziehen einer geraden Linie »über Hindernisse hinweg«

Hier hilft ein Lineal oder eine Leiste des Spannrahmens, die als Orientierungshilfe in 1 – 2 cm Abstand zur gewünschten Geraden auf die Arbeit gelegt werden. Parallel dazu werden dann die Guttalinien gezogen.

Fixieren

Material und Werkzeug:
Pergamentpapier, Bügeleisen, Bügeldecke, Zeitungspapier.

So wird's gemacht:
Beim Fixieren von DEKA-Silk Seidenmalerei von links bügeln. Fixieren von Farbgutta und DEKA PermDeck: Bügeldecke mit Pergamentpapier schützen. Die Malerei wird von links unter Pergamentpapier gebügelt. Jeweils bei Bügeleiseneinstellung »Seide – Wolle« drei Minuten lang gut überbügeln, eventuelle Bügelknicke mit Spucke anfeuchten und ausbügeln.
Die Fixier-Eigenschaften wurden auf Seite 7 erläutert.

Da alle hier vorgestellten Seidenmalereien durch Bügeln fixiert werden müssen, wird im folgenden das Bügeleisen als Werkzeug nur in Ausnahmefällen genannt.

Alle Malereien müssen vor dem Fixierbügeln völlig trocken sein. Notfalls über Nacht trocknen lassen!

Pflege der Seide

Alle Seidenmalereien in den hier vorgestellten Techniken auch auf gefütterter Seide einschließlich Applikationen mit Vliesofix können gewaschen werden. Gewaschen wird mit bewährten Feinwaschmitteln, von handwarm bis 60 Grad Celsius, ohne Reiben, Bürsten, Wringen oder Schleudern. Mehrmals spülen, ins letzte Bad einen Schuß Essig geben.

Seide sehr feucht von links bügeln. Nasse, zwischen Lagen von Zeitungspapier etwas getrocknete Seide ist meist schon bereit zum Bügeln. Malereien mit Farbgutta und DEKA PermDeck werden in trockenem Zustand von rechts unter Pergamentpapier gebügelt. Alle Seidenmalereien mit DEKA-Silk und Farbgutta können chemisch gereinigt werden. DEKA PermDeck ist nicht reinigungsbeständig.

Guttamalerei auf DEKA PermDeck-Malerei ist weder wasch- noch reinigungsecht. Dies trifft auf die beiden Wandbehänge »Die Möve Jonathan« und »Blumen aus Mexiko« zu, die hoffentlich auch dann noch Freude machen, wenn sie etwas »Patina« angesetzt haben! (Siehe Seite 31, 58 und 61.)

Praktische Tips aus dem Atelier

- Bewahren Sie Farbmischungen in leer gewordenen Gläschen auf.
- Mischen Sie größere Farbmengen in fettfrei ausgewaschenen Plastikbechern.
- Verwenden Sie bei der Rollier-Technik eine sehr dunkle, eine sehr helle und leuchtende sowie eine Farbe im Zwischenbereich.
- Kaufen Sie alle erhältlichen Pastelltöne, denn auf der Palette gemischte trocknen sehr schnell ein und sind dann nicht mehr zu gebrauchen.
- Halten Sie immer genügend Farbmaterial und Seide vorrätig, damit Sie nicht mitten im schönsten Schwung einkaufen gehen oder eine Sendung abwarten müssen.
- Halten Sie immer Wattestäbchen bereit zum Aufnehmen überschüssiger Farbe auf kleinen Flächen und zum Verreiben eben erst entstehender Farbränder.
- Beim Farbauftrag mit Wattebäuschen sollte man Gummihandschuhe tragen.
- Verschließen Sie die Farbgläschen so schnell wie möglich, damit sich nicht so leicht Krümel und Schlieren bilden können.
- Wenn Luftbläschen in der Gutta sind, sollte man das Fläschchen auffüllen und abwarten.
- Angetrocknete Farbguttareste werden vom Außenrand der Metallfeder durch kräftiges Abziehen auf einem weichen Mallappen entfernt.
- Mit Farbe getränkte Wattebäusche sollten im Plastikbeutel für

RATHAUS

Frau
Isi Strib
Hauptstr. 89 b
D-61191 Rosbach v. H.

Tourist Box Baden - K. Riegler Ges.m.b.H - Erzherzog Rainer Ring 13 - 2500 Baden

Liebe Isi aus meiner Heimat
ein Kartengruß. Haben heißes Wetter
und viel Stress, denn in Wien
sind die „Wr. Festwochen" und da
ist allerhand los. Waren schon
zweimal im Theater und heute
sind wir hier i. Kurort Baden
bei Wien. Bis bald!

Deine Traudl

Herzl. Grüße v. Erich / Die Marke ist
neu f. Deine Samml.

BADEN STADT - AUSTRIA

II 134A II 18A II 30A/925006

weitere Verwendung frisch gehalten werden.

- Vliesofix ist im Textil- bzw. Kurzwarengeschäft viel preiswerter als im Bastelgeschäft.
- Den Innenrand des DEKA-Silk-Gläschens mit Küchenpapier sauberwischen, um die angetrockneten Farbkrümel und Schlieren von der Malerei fernzuhalten.
- Statt einer Fotowanne fürs Marmorierbad tut es auch das viel preiswertere »Katzenklo«.

- Halten Sie immer einen runden Borstenpinsel (»Ringpinsel«) bereit, um Farbkrümel auf Ihrer Malerei sofort wegzufegen, noch bevor die Farbe angetrocknet ist.
- Waschen Sie Ihre Pinsel immer sofort in klarem kaltem Wasser aus, nach Beendigung einer Arbeitsphase auch mit Seife. Schleudern Sie die Haarspitze in die richtige Form.
- Wenn Ihnen ein Pinsel, ein Rahmen, ein Stück Seide oder ein sonstiges Zubehör spontan gefällt, dann sollten Sie diese Dinge kaufen, auch wenn Sie im Moment keine unmittelbare Verwendung dafür haben. Zu gegebener Zeit werden Sie daraus neue Ideen schöpfen und diese auch gleich verwirklichen können.
- Werfen Sie abgenutzte Haarpinsel nicht weg. Sie eignen sich noch gut zum Auffüllen der Pinsel bei der Rollier-Technik.
- Verschließen Sie Guttafläschchen sofort nach Gebrauch. Sollte der Verschlußdraht abgebrochen oder verloren gegangen sein, tun's vorübergehend Farbkopf-Stecknadeln auch.
- Legen Sie einen Vorrat von Metallfedern an, damit Sie weiterarbeiten können, wenn eine Düse so verstopft ist, daß Sie viel Zeit beim Durchputzen verlieren würden. Stecken Sie eine neue Düse auf und reinigen Sie die verstopfte hinterher.
- Da Silbergutta eine sehr gute Fließfähigkeit hat, ist hier eine Metallfeder mit kleinerem Durchmesser richtig, damit die Linien nicht zu breit werden.
- Probieren Sie die Strichansätze bei Farbgutta zuerst auf Zeitungspapier aus, um Verdickungen oder Spritzwirkungen durch Luftbläschen abzufangen.

Kombinierte Technik: Rollier-, Wattestäbchen- und Aquarelltechnik.

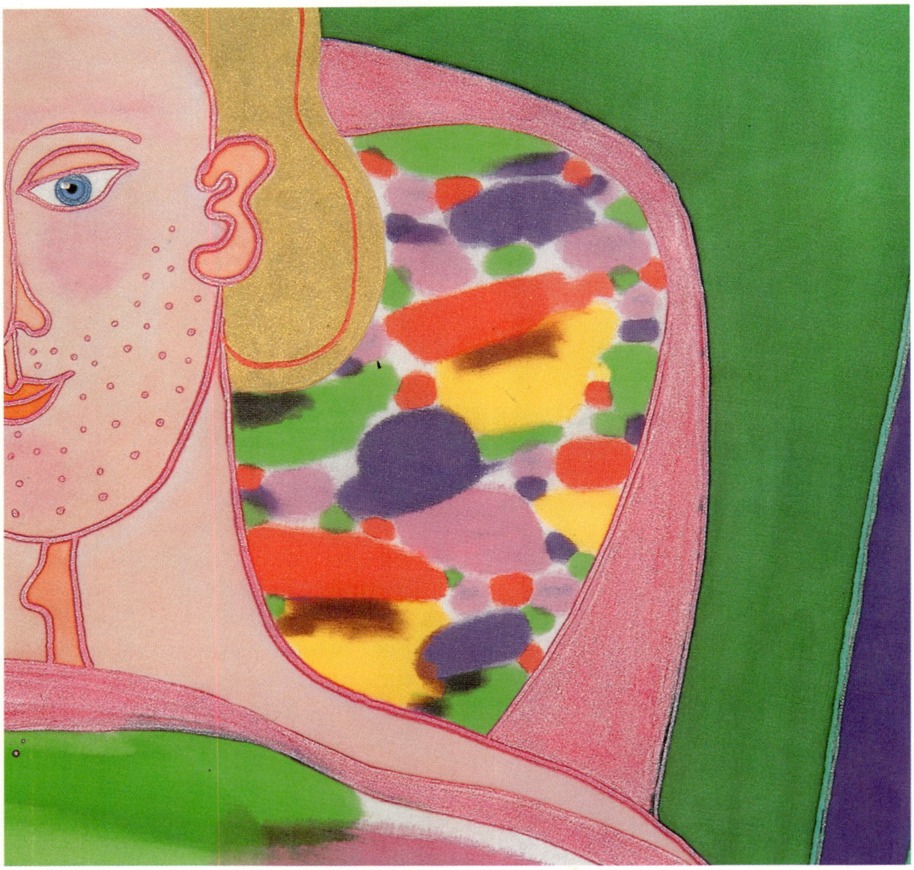

Neue Techniken mit Seidenmalfarbe

Konventionelle Techniken, z. B. die Aquarell-Technik, das einfarbige Ausmalen größerer und kleinerer Flächen sowie das Anlegen eines Hintergrundes, werden als bekannt vorausgesetzt und deshalb nicht mehr behandelt. »Praktische Tips aus dem Atelier« mögen zu Rate gezogen werden (siehe Seite 14 f.).

Wattestäbchen-Maltechnik

Im Unterschied zum Pinsel können Wattestäbchen nur eine begrenzte Farbmenge aufnehmen und auch keine Spitze bilden. Deshalb werden sie dort eingesetzt, wo sie nur kurze Strecken bemalen müssen (auf Bändern und Krawatten) und wo ihre Spuren ungenau sein dürfen (bei freiem Farbverlauf siehe links unten). Genaueres Arbeiten ermöglichen sie auf bereits bemalter Seide, weil deren Fließtendenz reduziert ist (siehe Abb. Seite 17).

Material und Werkzeug:
DEKA-Silk, Pongé, Wattestäbchen.

Oben: Wattestäbchen eignen sich zum Malen von kurzen Linien und Punkten.

Unten: Wattestäbchen eignen sich zum Malen kleiner Farbflächen.

Bäume und Büsche

Material und Technik:
Bemalte Seide, Fön, Wattestäbchen, DEKA-Silk.

So wird's gemacht:
Mit Wattestäbchen und dunkler Farbe auf trockenem landschaftlichem Hintergrund Bäume und Büsche in sich nach oben verjüngenden Bewegungen malen. Mit Fön trocknen, dann daneben oder davor, d.h. tiefer gesetzt und in intensiverem Farbton, weitere Vegetation wachsen lassen. Überschneidungen wirken naturnah. Oben im Bild angebrachte und kleiner gemalte Motive wirken entfernter. Weit entfernte Büsche nur als Punkt mit Wattekopf aufdrücken. (Siehe Fenster-Triptychon »Toscana« Seite 55 und nebenstehendes Detail).

Wattebausch-Maltechnik

Mit gekauften oder selbst geformten Watteballchen wird Farbe direkt aus dem Glas oder bei größeren Bäuschen aus einem Plastikbehälter aufgenommen. Es empfiehlt sich, mit Gummihandschuhen zu arbeiten und die Watte minimal anzufeuchten, damit sie die Farbe besser aufsaugt. Damit läßt sich die Farbe auftupfen, ziehen oder malen. Aquarellartige Farbwirkungen entstehen, wenn der abgemalte Wattebausch in etwas Wasser getaucht und die Restfarbe somit verdünnt wird; wenn mit ein und demselben Wattebausch nacheinander verschiedene Farben aufgenommen werden und Mischtöne entstehen oder wenn zügig und frei über Farbguttalinien hinweg gemalt wird.

Material und Werkzeug:
Kosmetik- oder Haushaltswatte, Gummihandschuhe, Plastikbehälter, DEKA-Silk

Wattestäbchen eignen sich zum Malen von Bäumen und Büschen.

Wasser-Blumen-Technik

Das Verfahren beruht auf der Konfrontation einer Farb- mit einer Wasserfläche. Beim Aufeinandertreffen wollen sie sich gegenseitig abstoßen; sie versuchen sich auszuweichen. Wasser dehnt sich etwas schneller aus als die Farbe und möchte die Oberhand gewinnen und die Farbe verdrängen. Das Ergebnis kann sehr reizvoll sein.

Material und Technik:
Pongé, DEKA-Silk, Aquarellpinsel Größe 10, 12 oder 14, einen zusätzlichen Wasserbecher für sauberes Wasser.

So wird's gemacht:
Man übt am besten auf einem Probefleck und arbeitet mit zwei Pinseln fast gleichzeitig. Zuerst wird mit der (linken) Hand das Wassermuster (Kreuz, Stern, konzentrische Ringe, Kombinationen) aufgetragen, dann **unmittelbar** danach mit dem anderen Pinsel reichlich Farbe in die Zwischenräume nahe ans Wasser gesetzt.

Blumenartige Gebilde entwickeln sich so lange, bis Farbe und Wasser trocken sind. Um ein »Verblühen« zu vermeiden, sollten gelungene Entwicklungszustände sofort mittels Fön festgehalten werden.

Experimentierfreude und Erfahrung bringen die schönsten Blüten hervor (siehe Raumteiler »Biedermeier« Seite 56 und »Blumen aus Mexiko«, Seite 60 ff.). Details sind in nebenstehenden Abbildungen zu sehen.

Schema für den Wasser- und Farbauftrag bei der Wasser-Blumen-Technik. Schwarze Flächen bedeuten Farbe, gestrichelte Wasser.

Auf dem ersten Bild sieht man kreuzweise aufgetragene Wasserflächen. Mit dem zweiten Pinsel wird zwischen die Balken punktförmig Farbe aufgetragen.

Auf dem zweiten Bild eine Sternform der Wasserfläche, wieder Farbpunkte in die trockenen Zwischenräume.

Auf dem dritten Bild werden die Farbpunkte in die Wasserfläche gesetzt – im Zentrum und an der Peripherie.

Auf dem vierten Bild wird die Farbe in zwei Kreisformen auf ein Wasserkreuz gelegt.

Im fünften Bild wird der äußere Wasserkreis von »Blütenblättern« durchbrochen, die abwechselnd von innen nach außen und von außen nach innen aufgemalt werden.

Im letzten Bild werden ein Kreis und Punkte mit Farbe auf einen Wasserstern gesetzt, der einen Wasserkreis im Zentrum hat.

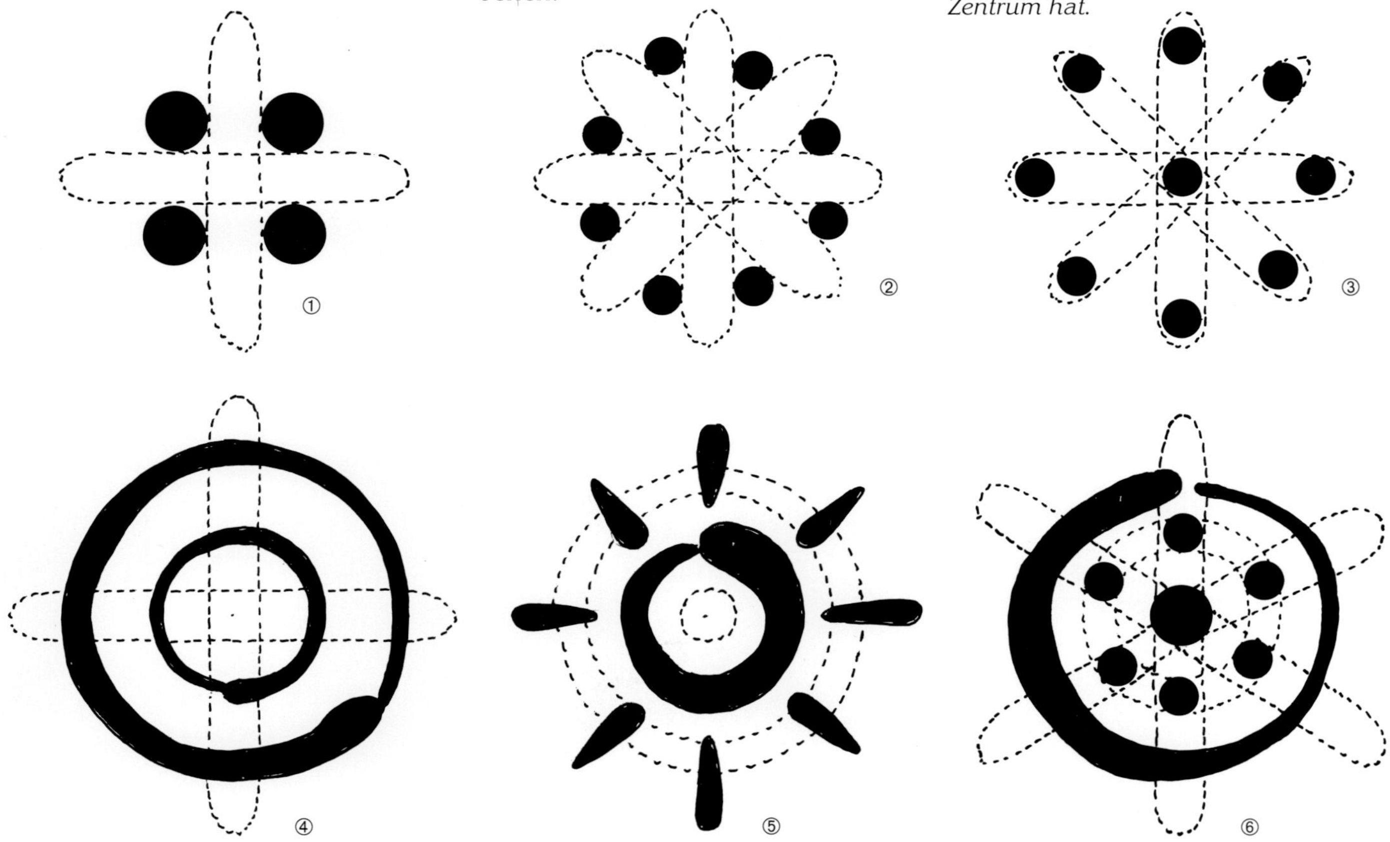

Wenn die Blumen am schönsten sind, werden sie mit dem Fön getrocknet.

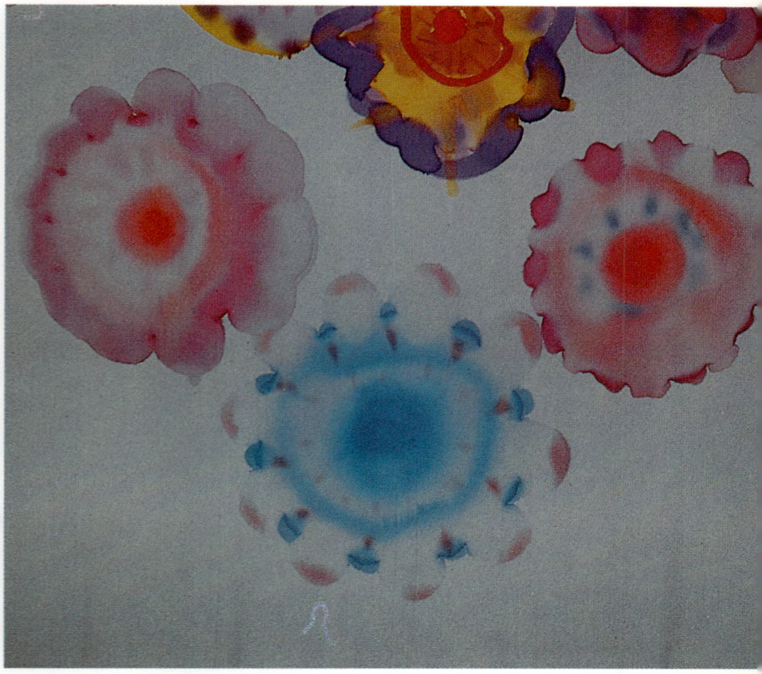

Farbe wird auf die Kleisterschicht getropft.

Die Farbe wird mit einem Kamm verzogen.

Marmorier-Technik

Bevor die Seidenmalfarbe auf Seide kommt, wird sie auf einer dickflüssigen Kleisterschicht am Trocknen gehindert und in frei fließenden Bewegungen marmoriert.

Material und Werkzeug:
Pongé, Beizmittel für die Seide (fertig gekauft oder Kalium-Alaun oder Aluminium-Sulfat, 40 g auf 1 l Wasser), weiße Fotowanne, Tapetenkleister, DEKA-Silk, Pipetten, Schaschlikstäbchen, Kämme und dergleichen, Spülmittel, Kupfergutta, Zeichenpapier, Schere, Zeitungspapier, Farbgutta (aufgezählt in der Reihenfolge der Anwendung).

So wird's gemacht:
Seide in Beizlösung gut durchziehen und trocknen lassen; Tapetenkleister zur Konsistenz dickflüssigen Speiseöls ansetzen; Farben auf seine Oberfläche mit Pipette, Stäbchen oder Pinsel tropfen, mit Stäbchen oder Kamm und dergleichen ineinander oder gegeneinander, kreuz oder quer verziehen; passendes Seidenstück vorsichtig auf die marmorierte Farbschicht faltenlos legen; einige Minuten einwirken lassen bis die Farben leicht durch die Seide dringen, dann Seide vorsichtig abziehen, in klarem Wasser Großteil des anhaftenden Kleisters wegspülen, zwischen Zeitungspapieren antrocknen; von links durch Bügeln fixieren; dann erst Kleister gründlich auswaschen und abschließend glattbügeln.

Die Pongé-Seide saugt innerhalb weniger Minuten Farbe auf. Diese beginnt sich auf der Rückseite zu zeigen. Dann wird die marmorierte Seide vorsichtig abgehoben.

Kupfergutta breitet sich auf der Kleisterschicht bereitwillig aus.

Das Spülmittel hat Farbe verdrängt. Mit Farbgutta können die freien Flächen bemalt werden.

Spüli-Technik (rechts):
Stark verdünntes Spülmittel, das auf die marmorierte Kleisterschicht getropft wird, verdrängt Farbe. Entstandene Freiräume auf Seide kann man dann mit Farbgutta gestalten.

Kupfergutta-Technik (links):
Kupfergutta, auf marmorierte Kleisterschicht getropft, verdrängt Farbe und breitet sich mit metallischem Glanz aus.

Schaschlikstäbchen geben Farbe ab und bringen Stabilität in eine Marmorierung.

Stäbchen-Technik:
Schaschlikstäbchen oder dergleichen in Farbe tränken und auf marmorierte Kleisterschicht legen. Die Farbe löst sich von den Stäbchen und überträgt sich auf die Seide.

Gegenständliche Darstellung:
Nicht nur abstrakte Muster, sondern auch gegenständliche oder figürliche Darstellungen lassen sich mit der Marmoriertechnik verwirklichen. Man tropft die Seidenmalfarbe schon in einer gewünschten Anordnung auf den Kleister und verzieht die Farbe mit einem Stäbchen in die beabsichtigte Form. Hier läßt sich z. B. unschwer die Form eines Gockelhahns erkennen.

Wenn man konsequent bei seiner Vorstellung bleibt, lassen sich sogar gegenständliche Motive marmorieren.

Schablonentechnik mit Guttamalerei:
Papierschablone, hier in Herzform, auf marmorierte Kleisterschicht legen. Das Herz wird beim Umdruck auf der Seide ausgespart. Leere Herzform samt Umgebung mit Farbgutta (siehe Ornament-Technik, Seite 27) gestalten.
(Das marmorierte Papierherz kann dann z. B. auf eine Briefkarte geklebt werden.)

Die Papierschablone in Herzform hält die Farbe von der Seide fern.

Oben links: Die freie Herzfläche kann beliebig gestaltet werden.

Oben rechts: Mit Farbgutta kann die Herzform präzisiert werden.

Links unten: Mit Farbgutta kann der frei fließende Rand der Marmorierung betont werden.

Rechts unten: Mit Farbgutta kann frei über die Marmorierung gezeichnet werden.

Rollier-Technik

Die geniale Idee: Ein Pinsel wird mit mehreren Farben gleichzeitig gefüllt und um seine eigene Achse über die Seide gerollt. Er kann auch gezogen, gekippt oder sogar »gezittert« werden.

● Rollier-Technik gerollt

Material und Werkzeug:
Pongé, DEKA-Silk, Ringpinsel Größe 2, Aquarellpinsel Größe 12, drei abgenutzte Aquarellpinsel beliebiger Größe.

So wird's gemacht:
In Querrichtung zu den Pinselhaaren werden die Pinsel dreifarbig eingefärbt.

Werden gerollte Farbbänder im Halbkreis geführt, ähneln sie Ananasscheiben.

Rundpinsel werden im rechten Winkel zur Haarrichtung eingefärbt.

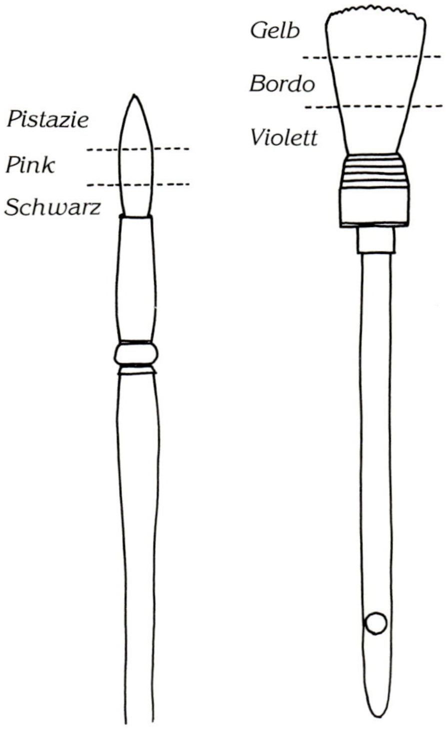

Auf einem Probestück abrollen, einfüllen, abrollen. Wenn die Pinsel getränkt sind, auf der Seidenfläche, die man gestalten möchte, abrollen. Farben kontrastreich wählen. Rollierbänder können kurz oder lang, je nach Fassungsvermögen des Pinsels, gerade oder geschwungen oder kreisförmig gestaltet werden, je nach Druck und Führung des Pinsels.
Siehe auch Abbildungen auf Seite 51.

Flachpinsel lassen sich besser in Längsrichtung einfärben.

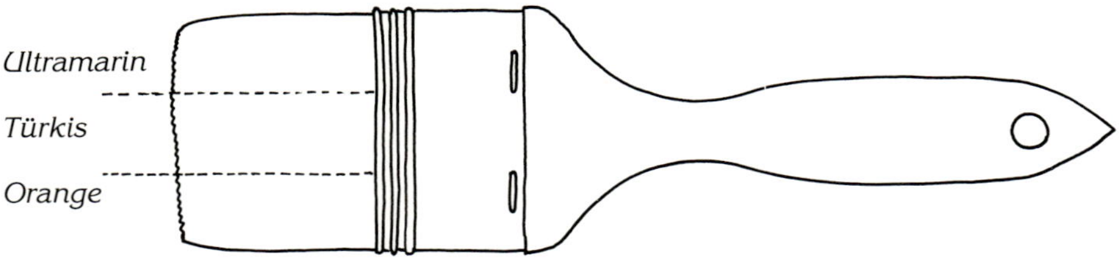

● Rollier-Technik gekippt

Material und Werkzeug:
Pongé, DEKA-Silk, Flachpinsel 36 mm und 60 mm.

So wird's gemacht:
Flachpinsel der Länge nach von beiden Seiten dreifarbig einfärben.

Er wird um seine Flachzwinge gekippt. Durch das große Fassungsvermögen dieser Pinsel lassen sich lange Bänder kippen. Siehe »Mikrokosmischer Röhrentanz« auf Seite 57.

Mit dem kleineren Flachpinsel können auch Kreisformen durch Kippen hergestellt werden.
Siehe »Windrosen« auf Seite 14 und 15.

Wenn beim Kippen die Schmalseiten der Pinsel etwas länger auf der Seide verweilen, haben die dortigen Farben mehr Zeit ins Gewebe einzudringen und erzeugen Ausbuchtungen. So entsteht ein besonderer Effekt. Siehe die girlandenartigen Bänder im Hintergrund der Abbildung »Mikrokosmischer Röhrentanz« auf Seite 57.

Mit dem Flachpinsel lassen sich auch kreisförmige Bänder kippen.

Girlandenartige Bänder entstehen, wenn man die Pinselkante beim Kippen etwas länger auf der Seide stehen läßt.

● Rollier-Technik »gezittert«

Pinselvorbereitung wie gehabt. Der Pinsel wird jedoch mit regelmäßigen, schnellen, kurzen Hin- und Herbewegungen geführt. Siehe »Röhren« in Abbildung auf Seite 57 und links im Detail.

Zitterbewegungen erzeugen Bänder mit geriefelter Struktur.

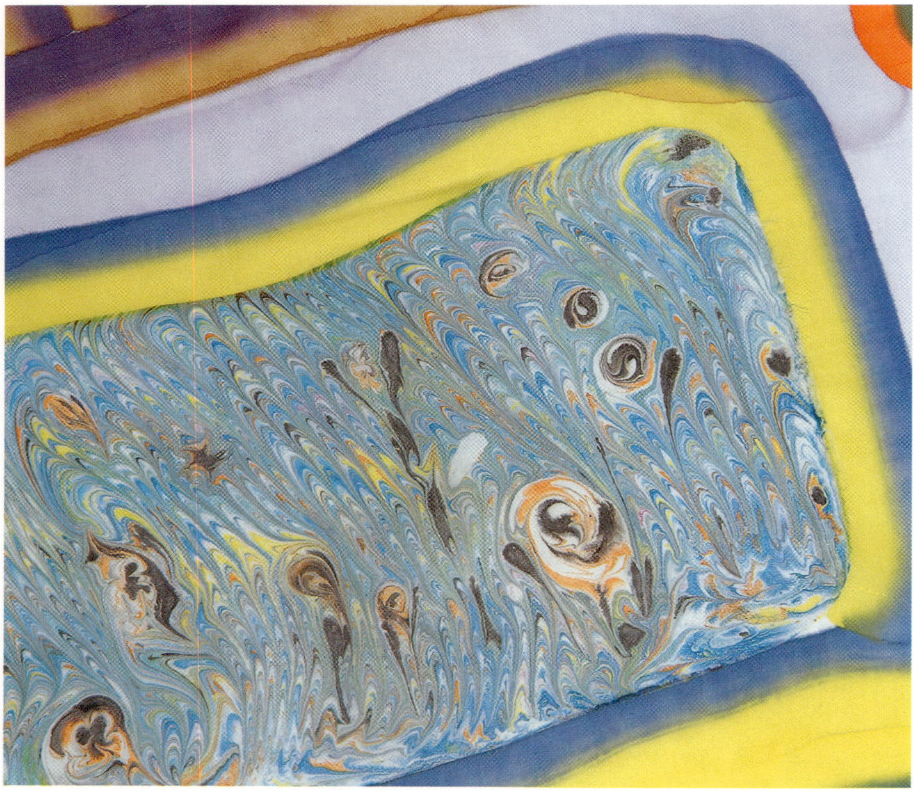

● Rollier-Technik gezogen

Drei- oder zweifarbig aufgetankte Flachpinsel werden ruhig über die Seide gezogen. So entstehen mehrfarbige Bänder mit Längsstreifen. Siehe auch Außenborte in der Abbildung »Windrosen« auf Seite 14 und 15 und Umrandungen der Marmorierungen in »Marmorfelder« auf Seite 57 und links im Detail.

Mit einem Strich läßt sich eine mehrfarbige Borte malen.

Neue Techniken mit Farbgutta

Farblose wie auch farbige Gutta sind ursprünglich als Begrenzungsmittel gedacht. Sie werden auch häufig zur nachträglichen Verschönerung oder Präzisierung von Motiven eingesetzt. Hier werden Sie mit weiteren Möglichkeiten bekannt gemacht, die in diesem irisierenden und faszinierenden Farbmaterial stecken.

Das Ornament steht in direktem Bezug zu seinem Träger.

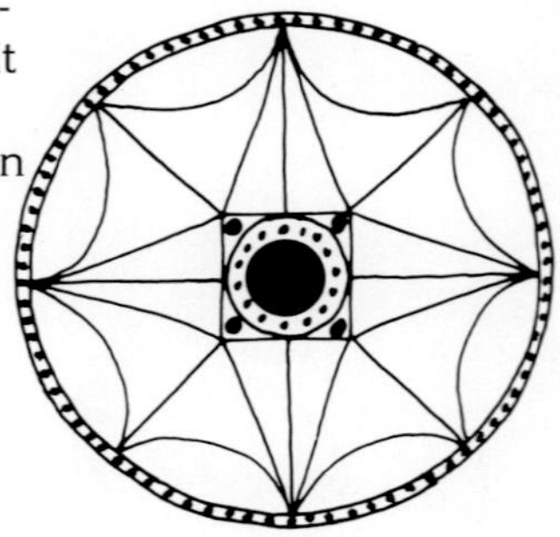

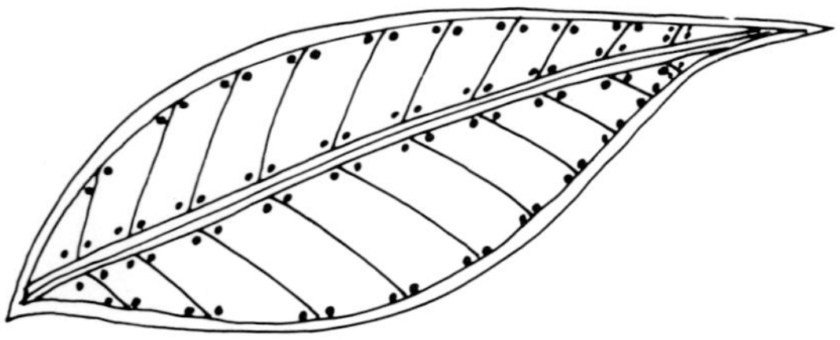

Ornament-Technik

Farbgutta ist hier Selbstzweck und kommt in allen verfügbaren Farbtönen als Linien und Punkte auf farbiger Doupionseide zum Einsatz.

Material und Werkzeug:
Doupionseide, Farbgutta in Fläschchen, Karton, Markierungsnadeln, Pergamentpapier.

So wird's gemacht:
Seide auf Karton spannen, Ornamente zeichnen, nach völligem Austrocknen von links oder unter Pergamentpapier bügeln.

Ornamente in direktem Bezug zum Ornamentträger betonen diesen in seiner spezifischen Gestalt. Siehe z. B. Rautengestaltung bei Teewärmer Seite 41 und Buchzeichen Seite 63.

Ornamente in freiem Stil bewegen sich, angeregt durch die zugrundeliegende Malerei, frei und ungezwungen über sie hinweg. Siehe z. B. Schlaufe auf der Tasche »Tiffany« (Seite 35).

Das Ornament bewegt sich frei über die Fläche.

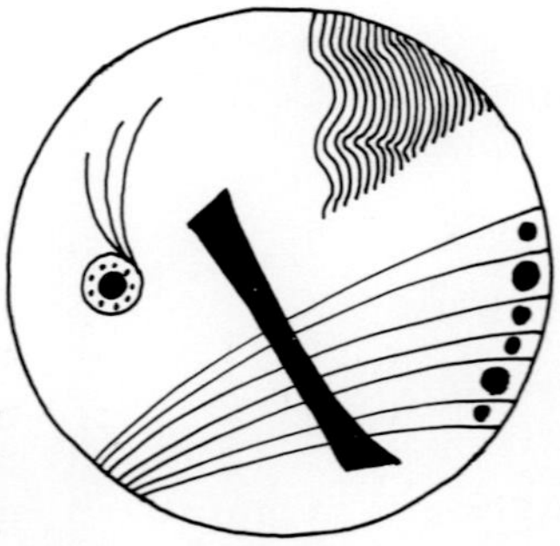

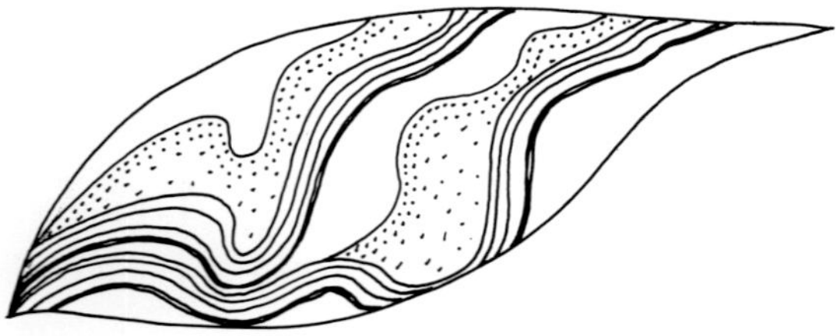

Kiwi-Technik

Eine füllige, ovale Guttalinie wurde wegen ihres Farbüberschusses nach innen verstrichen und ähnelte dann plötzlich einer aufgeschnittenen Kiwifrucht.

Material und Werkzeug:
Doupion oder Pongé, Farbgutta in Fläschchen, Karton oder Rahmen, Markierungsnadeln, Flachpinsel Größe 2, 4, 6, Pergamentpapier.

So wird's gemacht:
Seide aufspannen, gleichmäßig füllige Guttalinien ziehen, sofort mit dem Pinsel verstreichen. Ein kleinerer Pinsel gibt schmale, ein größerer breitere Fransenbänder. Eine oder mehrere horizontale, nach oben verstrichene Linien sehen aus wie Gras; halbrunde, parallele, nach unten verstrichene Linien ergeben einen Hügel; zwei entgegengesetzt verstrichene Linien eignen sich für Ornamente; eine mit kleinem Pinsel nach beiden Seiten verwischte Linie steht senkrecht angeordnet, für Grashalm oder Stengel; ein nach außen verstrichener Kreis ähnelt Sonne, Stern oder Blume; konzentrische Kreise, die man nach innen und nach außen verstreicht, lassen Strohblumen entstehen.

Meist ist es zur Präzisierung eines Motivs nötig, verstrichene Guttalinien nachzuziehen, auch in einer anderen Farbe. Siehe Zierdeckchen »Runder Regenbogen« (Seite 41) und die Überraschungskissen (Seite 44 f).

Mit Pünktchen bereichert und aufgelockert sind z. B. die Wandbilder »Strohblumen« und »Kiwi-Schale« (Seite 62), letztere in Verbindung mit einer reichhaltigen Ornament-Technik.

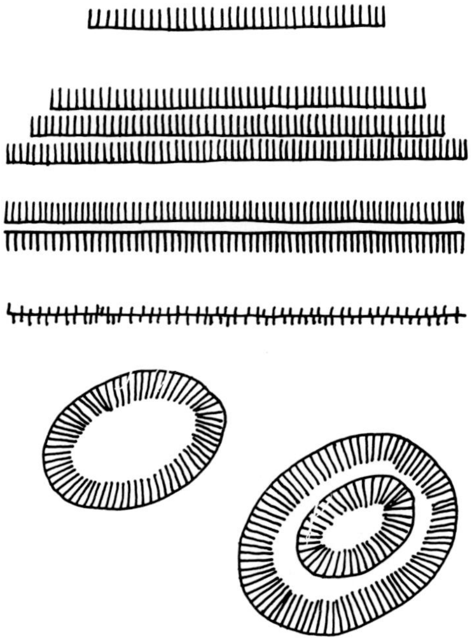

Aus diesen Grundmustern der Kiwi-Technik lassen sich ganze Bildkompositionen zusammensetzen.

GuDru-Technik

Gutta als **Dru**ckfarbe

Material und Werkzeug:
Doupionseide, Bügeldecke, alte Zeitungen, Stecknadeln, Kartoffeln oder Linoleum, langes Küchenmesser bzw. Schere oder Schneidemesser, flacher Borstenpinsel Gr. 10, Sublimatstift, Nudelholz, Gutta aus dem Glas

So wird's gemacht:
Bügeldecke mit einigen Zeitungslagen schützen, Doupionseide darauflegen und mit Stecknadeln feststecken, mit Sublimatstift Mustereinteilung skizzieren, große Kartoffeln mit glatten Schnittflächen halbieren bzw. Linoleum zuschneiden, Kartoffelhälften in Form schneiden, Kartoffelwasser auf Zeitungspapier abdrücken, Druckflächen mit Gutta bestreichen, gezielt auf die Seide legen und kraftvoll bzw. mit dem Nudelholz über die Linoleumstempel rollend drucken, trocknen lassen. Nach jedem Abdruck Stempel neu einfärben. Von der Rückseite unter Pergamentpapier fixierbügeln.

GuMa-Technik

(**Gu**tta als **Ma**lfarbe)

Farbgutta wird hier nicht grafisch eingesetzt, sondern als Malfarbe verwendet. Daher der Name!

Material und Werkzeug:
Doupion (oder Pongé), Karton (oder Rahmen), Farbgutta im Fläschchen, Farbgutta im Glas, Flachpinsel diverser Größen, Markierungsnadeln, Pergamentpapier.

So wird's gemacht:
Seide aufspannen, Motiv übertragen, Konturen in passender Farbe als Guttalinie aufzeichnen, Motive malen, nach völligem Trocknen von links und zwischen Pergamentpapier bügeln.

Bei **flächendeckender Malerei** wird Gutta aus dem Glas wie Ölfarbe vermalt (siehe schwarzer Vordergrund in »Gitter der Verheißung« auf Seite 58 und Kupfervase in »Blumen aus Mexiko« auf Seite 61).

Bei **modellierender Malerei** wird Gutta aus dem Fläschchen dosiert und gezielt aufgesetzt, naß in naß vermalt bzw. an Ort und Stelle gemischt. So hat man die Möglichkeit der Modellierung und Schattierung.

Wenn man Gutta aus dem Fläschchen auf trockene Farbfläche setzt, bleibt sie als linearer oder flächiger Farbakzent »stehen«.

Siehe »Im Zaubergarten« (Seite 57). Die Abbildung unten zeigt ein Detail.

Bei größerem Bedarf von gemischter Gutta (z. B. für die großen Blätter in »Im Zaubergarten«) wird diese auf einer Palette angerichtet. Menge knapp bemessen, lieber nachmischen, weil dann ein abweichender Mischton entsteht, der Leben in die Malerei bringt.

Die GuMa-Technik ermöglicht das Modellieren von Motiven und damit eine naturnahe Darstellung.

Kombinierte Techniken

DEKA-Silk, -Konturmittel, DEKA-Permanent und DEKA-PermDeck sind Bügelfarben und deshalb kombinierbar. Aus den erweiterten technischen Möglichkeiten entstehen neue Ideen.

Plastisch liegt die Stoffmalfarbe auf der Seidenmalerei.

Stoffmalfarbe auf Seidenmalerei

Die deckende Stoffmalfarbe steht im Kontrast zur transparenten Seidenmalfarbe. Sie ermöglicht auch das Übermalen unschöner Stellen.

Material und Werkzeug:
DEKA-PermDeck mit seinen deckenden Farbtönen, Gold aus der DEKA-Permanent-Palette, weil dieses am besten abdeckt. Rahmen, Markierungsnadeln, Synthetik-Flachpinsel verschiedener Größen.

So wird's gemacht:
Seidenmalerei aufspannen, Stoffmalfarbe mit Pinsel aus den Gläschen holen, wenn nötig mit Wasser verdünnen und geschmeidiger machen, auf Seidenmalerei glatt vermalen. Für exaktes Malen Konturen mit passender Farbgutta anlegen, Motive mit Stoffmalfarbe ausmalen. Nach völligem Trocknen von links und zwischen Pergamentpapier bügeln.
Siehe »Oster-Park« Seite (48 f.).
Die Abbildung auf dieser Seite oben zeigt ein Detail aus »Oster-Park«.

Farbgutta auf Stoffmalerei

Zur Belebung größerer einfarbiger Motive in Stoffmalfarbe eignet sich die Gutta-Ornament-Technik.

Material und Werkzeug:
Stoffmalfarbe, Farbgutta im Fläschchen, Rahmen, Markierungsnadeln.

So wird's gemacht:
Auf die trockene Stoffmalfarbe Gutta-Ornamente mit Linien und Punkten zeichnen. Nach völligem Trocknen von links bügeln. Sowohl auf die bemalte, als auch auf die Rückseite Pergamentpapier zum Schutz legen.
Siehe »Die Möve Jonathan« auf Seite 59 (Detail siehe Abbildung unten) und » Blumen aus Mexiko« auf Seite 61.

Eine mit Stoffmalfarbe gemalte Fläche wird mit Farbgutta belebt.

Farbgutta auf Marmorierungen

Marmorierungen können mit Farbgutta ihrer Umgebung angepaßt werden.

Die nicht exakt steuerbaren Marmorierungen lassen sich mit Hilfe der Ornament-Technik umranden, beleben oder präzisieren.

Material und Werkzeug:
Material für Marmorierarbeiten, Farbgutta im Fläschchen, Karton, Markierungsnadeln.

So wird's gemacht:
Marmorierung auf Karton spannen (kleines Format, relative Farbundurchlässigkeit der bemalten Seide!), in Ornament-Technik weiterführen, zwischen Pergamentpapier bügeln.

Siehe Täschchen »Frühlingswind« (Seite 34 oben), Zierdecke »Sanssouci« (Seite 43 und oben rechts im Detail) und »Herz-Metamorphose« (Seite 23).

Neue Ideen für modische Akzente

Neue Ideen benötigen neue Techniken, neue Techniken bringen neue Ideen hervor. Material und Werkzeug zur Verwirklichung dieser Ideen werden im folgenden normalerweise nur dann aufgeführt, wenn sie nicht selbstverständlich zur jeweiligen Technik gehören.

Die Farbzusammenstellungen sind, obwohl vom eigenen Geschmack abhängig und somit individuell zu treffen, der Vollständigkeit halber aufgeführt.

Die angegebene Arbeitszeit kann natürlich nur eine Orientierungshilfe sein.

Einzelne Objekte werden exemplarisch herausgegriffen und detailliert beschrieben.

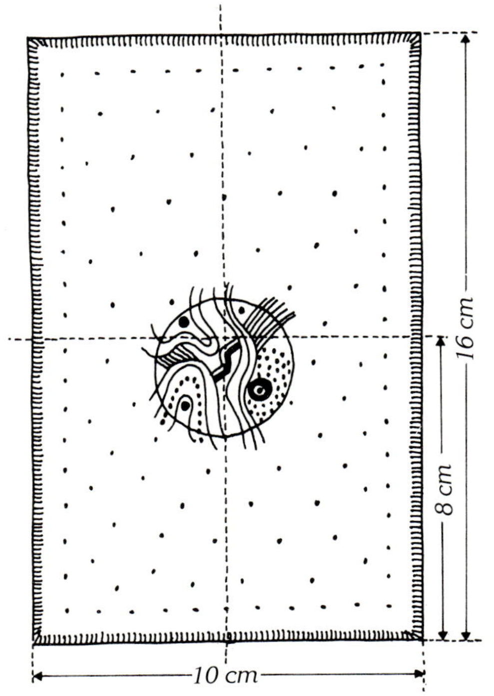

So wird das Schmuckmotiv auf dem Seidentüchlein plaziert.
Das Tüchlein wird über die Platine gestülpt und nach einer Seite drapiert. Die Lamellen und ein paar Nadelstiche halten alles am Platz.

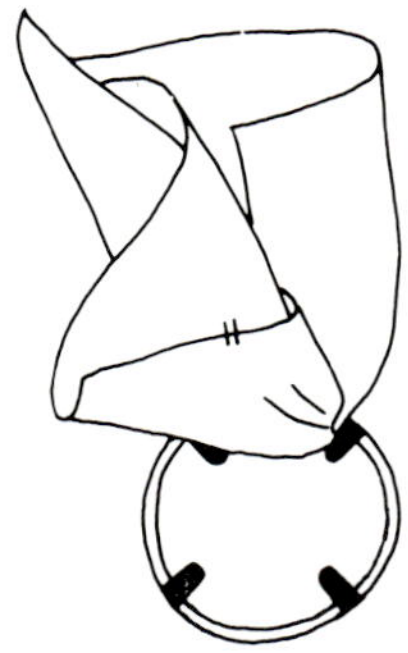

Armreif »Gigi«

Material und Werkzeug:
Schmuckmontage vergoldet, Rosenkranzzange.

Technik:
Aquarell-Technik, Ornament-Technik, Kiwi-Technik zum »Einsäumen« des Seidentüchleins, Benutzung der Platine (Metallunterlage für das Schmuckmotiv) als Schablone.

Arbeitszeit: ca. 1 $^{1}/_{2}$ Std.

Einkaufstasche »Central Parc«

Material:
Seidentasche Doupion 36 x 50 cm, Watte, Wattestäbchen, Karton zum Einschieben und zum Aufspannen, Pergamentpapier, Kohlepapier

Werkzeug:
Markierungsnadeln, Kugelschreiber, Gummihandschuhe, Plastikbecher

Farben:
Gutta: Silber, Grün
Silk: Silberblau, Eisblau, Amethyst, Aubergine, Pistazie, Grün, Tiefgrün, Blau, Azur

So wird's gemacht:
Karton zuschneiden und in die Tasche schieben, Motiv vergrößern (siehe Vorlage Seite 78) und mittels Kohlepapier übertragen, das Ganze auf Karton feststecken, mit Silbergutta die Architektur, mit grüner Gutta die Bäume nachzeichnen. Trocknen lassen. Mit Wattebausch-Maltechnik Himmel, Bäume und Gebäude frei und aquarellartig anlegen. Dabei kann über die Guttalinien hinweg und hinaus gemalt werden. Fenster, Lisenen, Gesimse etc. mit dunkleren Tönen akzentuieren in Wattestäbchen-Maltechnik bzw. Ornament-Technik.

Arbeitszeit: ca. 6 Std.

Mit dieser Tasche verbreiten Sie weltstädtisches Flair.

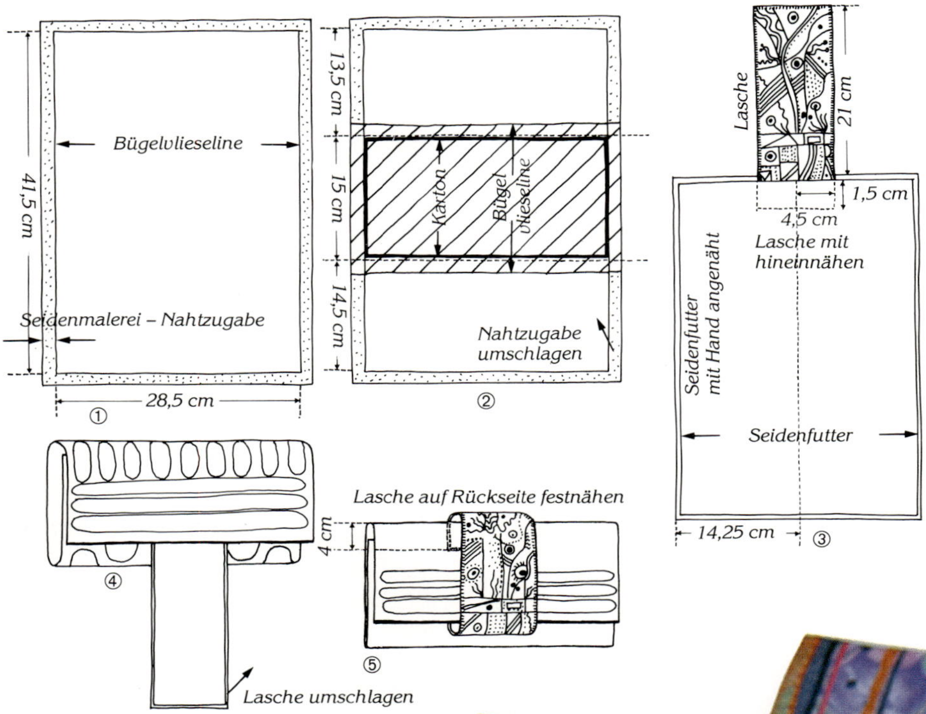

Entstehung der Handtasche (auf dem Foto rechts vorne) Schritt für Schritt dargestellt.

Täschchen »Tiffany«

Material:
Fertige Seidenmalerei (z. B. Probestück) 41,5 x 28,5 cm plus Nahtzugabe und 9,0 x 21,0 cm plus Nahtzugabe für Lasche, Seidenfutter türkis, stärkere Bügelvlieseline für Taschenkörper, leichtere Vlieseline für Lasche und zum Festbügeln des Kartons, weißer 1 mm starker Karton 15,0 x 27,5 cm für Verstärkung der Rückseite.

Werkzeug: Hand-Nähzeug.

Farben:
DEKA-Silk: Gelb, Orange, Türkis, Ultramarin, Schwarz

Farbgutta: Gold, Silber, Pink, Rot, Blau, Schwarz.

Technik:
Rollier-Technik gezogen und gekippt, Ornament-Technik im freien Stil.

So wird's gemacht:
Bügelvlieseline ohne Nahtzugabe auf Seidenmalerei aufbügeln ①. Karton plazieren, mit Vlieseline festbügeln ②. Nahtzugaben umheften, Futter gegenheften, ornamentierte und bügelfixierte Lasche auf leichtere Vlieseline aufbügeln, Futter der Lasche annähen, Lasche unter das Deckelfutter mit einheften, Taschenfutter rundherum annähen ③. Tasche in Form klappen ④, Seiten zunähen, Lasche auf Rückseite annähen ⑤.

Arbeitszeit: ca. 4 Std.

Täschchen »Frühlingswind«

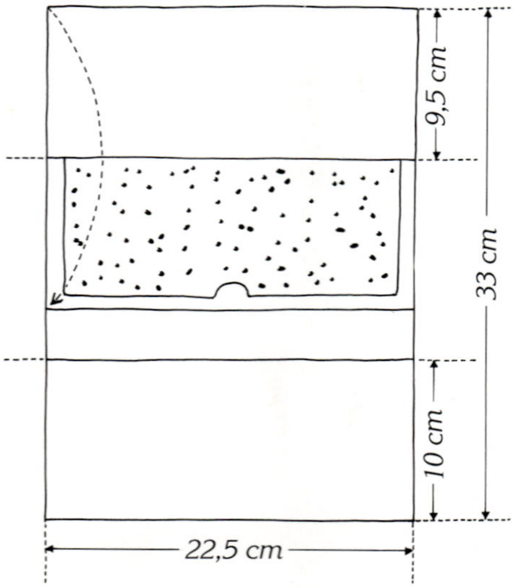

Das kleinere Format dieses Täschchens erübrigt die Verwendung von Karton zur Verstärkung des Rückens. Starke Bügelvlieseline gibt Halt genug. Nähmaschinennähte werden durch Guttalinien abgedeckt. Ein unsichtbar eingenähter Druckknopf schließt die Tasche.

Mit »Frühlingswind« (hinten) und »Tiffany« (vorne) macht das Ausgehen Spaß.

Hemdbluse »Poppy«

Material:
Fertig genähte Bluse, gewaschen (!), Pappe, Pergamentpapier

Werkzeug:
Markierungsnadeln, Strich-Ex-Stift WEISS, Synthetik-Flachpinsel Gr. 2 und 4

Farben:
Gutta im Fläschchen:
Kupfer, Rot, Grün, Schwarz
Gutta im Glas: Rot

Technik:
Aufspannen auf Karton, GuMa-Technik

So wird's gemacht:
Vorderteil vorzugsweise an Nähten oder unter Kragen und Knopfleiste anpinnen, Blume entsprechend Machart der Bluse und eigenem Gutdünken (auf die Tasche) skizzieren, mit Farbgutta Konturen zeichnen, trocknen lassen, Flächen bemalen, trocknen lassen, unter Pergamentpapier fixierbügeln.

Arbeitszeit: hier ca. 2 Std.

Mit wenig Mühe läßt sich eine Bluse von der Stange in ein Modell verwandeln. Was ist Ihre Lieblingsblume?

Krawatten und Fliege

Material:
Fertig genähte Krawatten aus Pongé, Twill, Satin, Crêpe de Chine, Seidenjacquard, 6,5 bis 9 cm breit. Fertig genähte Fliege mit Gebrauchsanleitung zum Auseinanderfalten und Zusammenfügen.

Technik:
Aquarell-Technik, Wattestäbchen-Maltechnik, Rollier-Technik gerollt, Ornament-Technik.

Arbeitszeit je nach Muster ca. 45 Minuten z. B. für die Fliege und 4 Stunden für eine aufwendig ornamentierte Krawatte.

Diese Krawatten bringen seidene Eleganz und eine wohltuende Farbigkeit in die Männermode.

Durch das Zusammenspiel der drei Farbgitter-Ebenen entsteht ein Eindruck von Tiefe.

Krawatte »Raumgitter«

Der Name wird aus ihrer »Entstehungsgeschichte« deutlich.

Material:
Pongé 08 weiß, 8 cm breit, fertig genäht.

Werkzeug:
Flachpinsel Synthetik, Größe 12, Fön.

Farben:
DEKA-Silk: Pink, Lavendel, Aubergine für die erste Farbschicht, Silbergrau, Rauchblau, Schwarz für die zweite Farbschicht.

Farbgutta: Pink, Blau, Violett für die dritte Farbschicht.

Technik:
Aufspannen auf Karton, Aquarell-Technik mit Fön, Ornament-Technik in freiem Stil.

So wird's gemacht:
Krawatte etappenweise auf Karton spannen. (Das Krawattenfutter hindert die Farbe am Durchsickern auf die Rückseite.)

Farbbänder in Pinselbreite ziehen und fönen. Synthetikpinsel fassen nur wenig Farbe; das ist günstig für kurze Strecken und brüchige Farbwirkung. Siehe rechte Hälfte der Abbildung links. Eine zweite Farbschicht wird nach völligem Trocknen mit System kreuz und quer darübergelegt. Farbbänder teilweise mit Farbgutta konturieren und freie Guttalinien anbringen. Siehe linke Hälfte der Abbildung. Rückseite der Krawatte mit Katzenzungenpinsel und vorsichtig dosierter Farbmenge (Silbergrau) zur Hälfte bis zur Mittelnaht einfärben, dann die andere Hälfte, um Farbränder zu vermeiden.

Von beiden Seiten bügeln, die Vorderseite unter Pergamentpapier.

Arbeitszeit: ca. 3 1/2 Std.

Tuch »Abendstimmung«

Material und Werkzeug:
Fertig gesäumtes Pongé-Tuch (90 x 90 cm), Fön.

Technik:
Freier Farbauftrag mit Wattebäuschen. Übereinandermalen nur nach völligem Trocknen der darunter liegenden Farbschicht.

Arbeitszeit: ca. 1 1/2 Std.

Mit dieser Technik lassen sich in kurzer Zeit Stoffe bemalen, so daß auch große Flächen z.B. für Vorhänge bewältigt werden können.

Quadratische Tücher in allen Größen sind beliebte Geschenke oder als sog. Geschenketücher wertvolle Umhüllungen für weniger kostbare Geschenke.

Das Tuch ist mit großen Wattebäuschen schnell gemacht.

Tuch »Windrosen«

Mit der Rollier-Technik läßt sich in kurzer Zeit ein farbenprächtiges Tuch bemalen.

Material und Werkzeug:
Fertig gesäumtes Pongé-Tuch (90 x 90 cm), drei Einfüllpinsel, zwei Flachpinsel (36 mm und 60 mm), Katzenzungenpinsel, Wattestäbchen.

Technik:
Rollier-Technik gerollt, gekippt, gezogen, Wattestäbchen-Maltechnik, Aquarell-Technik.
Arbeitszeit: ca. 3 1/2 Std.

Neue Ideen als Blickfang für die Wohnung

Es müssen nicht immer gleich neue Möbel sein, die eine Wohnung attraktiver machen. Oft genügen neue Farbakzente zur Anhebung des Wohlbefindens in den eigenen vier Wänden, zumal wenn die eigene Kreativität mit im Spiele ist.

Diese seidenen Wärmehüllen sind in ihrem Farbklang auf Tee und Ei abgestimmt und zaubern Harmonie auf den Frühstückstisch.

Teewärmer »Suleika«

Material:
Seidenrohling, Karton, Pergamentpapier

Werkzeug:
Markierungsnadeln, Sublimatstift, Verwaschpinsel, Wattestäbchen

Farben:
Gutta: Gold, Pink Violett
Silk: Pastellgelb, Gelb, Mandarin, Mohn, Cyclam, Pflaume, Aubergine

Technik:
Aufspannen auf Karton, Ornament-Technik

So wird's gemacht:
Teewärmer auf Karton pinnen, ornamentale Gestaltung im Einklang mit der Absteppung skizzieren, Felder sorgsam mit Gutta umranden (auch unter den bei gefütterter und gesteppter Seide unvermeidlichen Fältchen Guttalinien geschlossen durchziehen!), Felder evtl. mit Gutta untergliedern, Flächen mit Silk ausmalen, dabei nur wenig Farbe in den Pinsel nehmen, zuviel Farbe sofort mit Wattestäbchen aufnehmen, damit der Futterstoff nicht mitgefärbt wird. Gutta-Ornamente aufzeichnen, trocknen lassen, Teewärmer umdrehen und Rückseite entsprechend gestalten. Unter Pergamentpapier fixierbügeln.

Arbeitszeit: ca. 6 Std.

Eierwärmer

Material:
s.o.

Werkzeug:
s.o.

Farben:
Gutta: Gold, Kupfer, Rot, Blau, schwarzer und silberner Punkt fürs Auge
Silk: Silbergrau, Pastellgelb, Rosé

Technik:
s.o.

So wird's gemacht:
Rohling auf Pappe pinnen, Motiv übertragen (Vorlage Seite 79), mit Gutta nachzeichnen, trocknen lassen, Küken und Hintergrund mit Silk nicht völlig ausmalen, Küken nach dem Trocknen teilweise mit einer zweiten Gelbschicht modellieren. Unter Pergamentpapier fixierbügeln.

Arbeitszeit: ca. 30 Min.

Eine »Patchwork-Decke« entsteht.

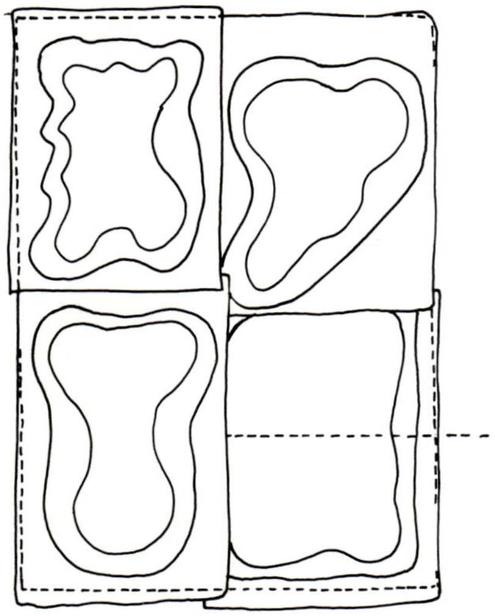

①

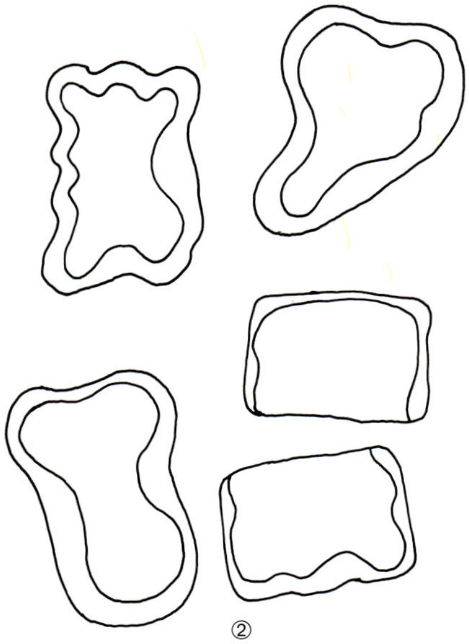

②

③

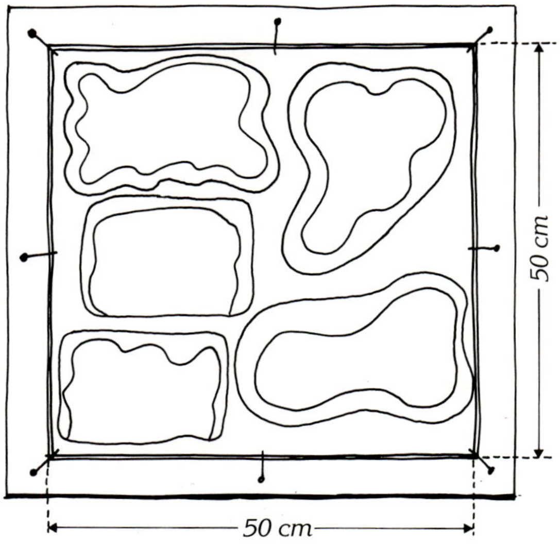

④

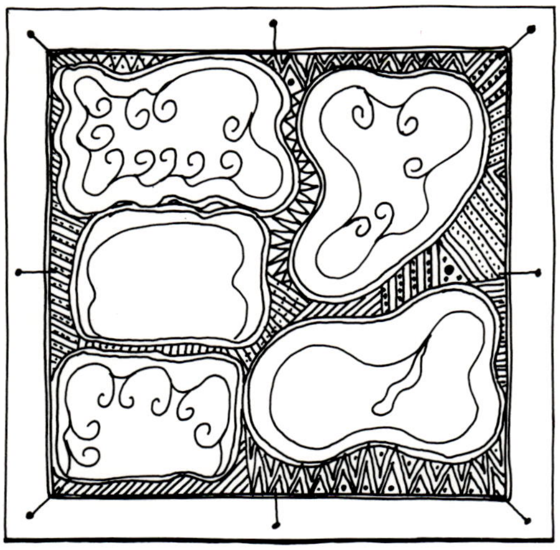

Patchwork-Decke »Sanssouci«

Sie hat ihren Namen nach dem aristokratisch-nostalgischen Eindruck, den sie auf Grund ihrer reichhaltigen Komposition macht.

Material:
Doupion lindgrün (50 x 50 cm) als Unterstoff, Pongé 08 für Marmorierungen, Vliesofix, Brokatborte.

Werkzeug:
Siehe unter Marmorier-Technik (Seite 20), Nähmaschine.

Farben:
DEKA-Silk in fast allen Farbtönen, Pastelltöne ausgenommen; Farbgutta in allen Farben, ausgenommen Silber.

Technik:
Marmorier-Technik, Farbgutta auf Marmorierungen, Ornament-Technik, Applizieren mit Vliesofix, Aufspannen auf Karton, Nähen mit der Maschine.

So wird's gemacht:
Marmorierarbeiten anfertigen, auf Vliesofix bügeln ①, teils geradlinig, teils ihren Farbverläufen folgend ausschneiden ②.

Doupionseide einsäumen, damit sie nicht ausfranst, Marmorierungen mit kleinen Zwischenräumen aufbügeln, Decke auf Karton spannen ③.

Applikationen mit Farbgutta umranden, Zwischenräume ornamental verzieren, nach Ermessen einen Teil der Marmorierarbeiten mit Gutta beleben oder anpassen ④.

Nach völligem Trocknen unter Pergamentpapier von rechts bügeln. Borte annähen.
Arbeitszeit: ca. 8 – 10 Std.

Das Ergebnis läßt alle Mühe vergessen. (Sticken wäre aber noch mühsamer gewesen!)

Überraschungskissen »Schmetterling« »Pfau« »Verliebtes Katzenpaar«

Material und Werkzeug:
Doupion-Kissenhüllen, fertig genäht (40 x 40 cm), Kissenfüllungen, leichter Karton (Fotokarton), Flachpinsel der Größen 2, 4, 6.

Die Überraschung liegt immer auf der anderen Seite. Schmetterling mit geöffneten und zusammengeklappten Flügeln (Vorlagen S. 73 ff.).

Der Pfau zur Hälfte...

bis zum Ende seines Schweifs.

Technik:
Kiwi-Technik, Übertragen des Entwurfs auf Doupion (Vorlagen siehe Seite 76), Einschieben von Karton. Auf bündige Übergänge an den Seiten achten!

Arbeitszeit: ca. 5 – 7 Std.

Das Katzenpaar von hinten … und von vorne.

Schmusekissen »Liebespaar« »Schleckerei«

Bei Applikationen schreckt man nicht vor teurem und wertvollem Malgrund zurück. Hier geben fertig genähte Rundkissenbezüge einen perfekten Rahmen.

Material und Werkzeug:
Doupion-Kissenhüllen, fertig genäht (Durchmesser 40 cm), Doupionseide, weiß, Kissenfüllungen, Kohlepapier, Flachpinsel der Größe 4 und 6.

Technik:
Kiwi-Technik, GuMa-Technik, Applizieren mit Vliesofix, Übertragen des Entwurfs auf Doupion (Vorlagen siehe Seite 67).

Arbeitszeit: ca. 2 Std.

Schlummerrollen »Scheherezade«

Material:
Violette Doupionseide, 90 x 54 cm, Schaumstoffrolle 40 cm lang, Durchmesser ca. 15 cm, Futterstoff 60 x 53 cm, Nähgarn, Kartoffeln oder Linoleum, alte Zeitungen, Bügeldecke, Pergamentpapier

Werkzeug:
Nähmaschine, Nähnadel, Küchenmesser bzw. Schneidemesser, flacher Borstenpinsel Gr. 10, Stecknadeln, Strich-Ex-Stift Weiß, Nudelholz

Farben:
Gutta im Glas: Silber, Gold, Pink, Schwarz

Technik:
GuDru-Technik

So wird's gemacht:
Stempel zuschneiden nach Vorlage Seite 68 Formen a, b, d, e, f, g, h, k, l, Zeitungen auf Bügeldecke legen, darüber Doupion feststecken, Mustereinteilung mit Strich-Ex-Stift Weiß aufzeichnen, drucken. Unter Pergamentpapier fixierbügeln.
Längsseiten zusammennähen, Schaumstoffrolle mit Futterstoff umhüllen, diesen grob zuheften. So kann die Seidenhülle darübergezogen werden, ohne am Schaumstoff zu kleben. Enden dekorativ zuknoten.

Arbeitszeit: ca. 3 Std.

»Gartenlaube«

Material:
Lindgrüne Doupionseide, sonst s. o.

Werkzeug:
Sublimatstift, sonst w. o.

Farben:
Gutta im Glas: Silber, Pink, Rot, Blau, Schwarz

So wird's gemacht:
Stempel zuschneiden nach Vorlage Seite 68, Formen a, b, c, d, e, g, i, j, sonst s. o.

Arbeitszeit: s. o.

Man braucht nur etwas Zeit und ein Märchenbuch oder eine Zeitschrift, um diese Schlummerrollen richtig genießen zu können.

Steppdecke »Peru«

Material:
Seidendoupion gesteppt mit Seidenfaden auf Baumwollvlies, ca. 136 cm breit (= 19 Steppfelder) und ca. 143 cm lang (= 19 Steppfelder), Doupion-Schrägband 2 x 136 cm und 2 x 145 cm, Nähgarn aus Seide oder Baumwolle

Werkzeug:
Nähmaschine, Schere, Verwaschpinsel, Wattestäbchen, Fön, Sublimatstift

Farben:
Gutta: Silber, Gold, Kupfer, Rot, Violett, Grün, Blau
Silk: Sand, Flamingo, Scharlachrot, Weinlaub, Pflaume, Siena, Türkisgrün, Türkis, Türkis + Sand = Jadegrün, Tiefgrün, Schwarz

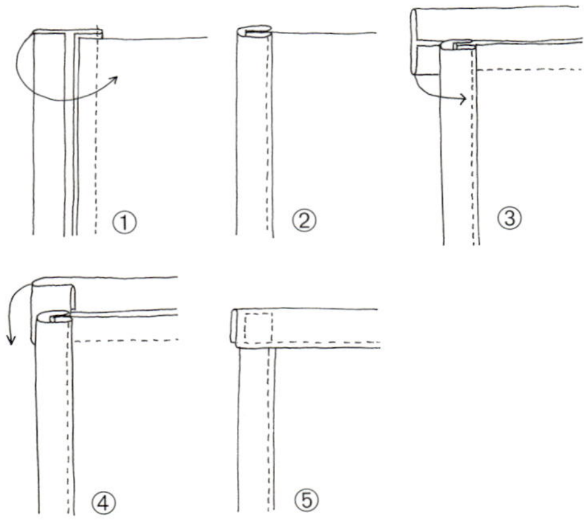

So wird's gemacht:
Steppdecke mit Schrägband einfassen (S. Zeichnung Z3), Decke einfach auf den Arbeitstisch legen, mit Sublimatstift Grundeinteilung aufzeichnen in Harmonie mit den Steppnähten, für die Diagonalen (s. Zeichnung Z4) Lineal verwenden.

Mit Farbgutta Felder sorgfältig umziehen, auch unter den Stoffalten, (die bei gesteppter und gefütterter Seide unvermeidbar sind), auf geschlossene Linien achten, etappenweise arbeiten, trocknen lassen. (Siehe auch Seite 1.)

Haben Sie sich erst einmal so ein gutes Stück zugelegt, können Sie in exotischer Atmosphäre schwelgen ...

»Oster-Park«. Die Ovale erinnern an Ostereier, die in einem geometrisch angelegten Barockgarten versteckt worden sind.

Wenig Farbe auf die Flächen auftragen, überschüssige Farbe sofort mit Wattestäbchen aufnehmen, damit der Baumwollvlies nicht mitgefärbt wird, Farbverlauf im Auge behalten, notfalls Guttagrenzen nachbessern. Steppdecke umdrehen, innerhalb der Schrägbandnaht Guttalinie ziehen, Randornamente der Vorderseite nach hinten fortsetzen, trocknen lassen, ausmalen. Zunächst nur mit Fön fixieren, um die Plastizität der Decke optimal zu erhalten. Jedoch vor dem ersten Waschen oder der ersten Reinigung unter Pergamentpapier fixierbügeln.

Arbeitszeit: ca. 35 Std.

Paradekissen

Alle »Paradekissen« sind auf Pongé 08 (90 x 90 cm) gemalt und sollten einen Rücken aus farblich abgestimmter Uni-Seide haben. Sie sind alle waschecht. Mit Ausnahme des Kissens »Oster-Park« sind sie auch reinigungsbeständig.

Sie sind in diversen Techniken ausgeführt (z. B. Stoffmalfarbe auf Seidenmalerei, Ornament-Technik, GuMa-Technik) und sollen zur Anregung für eigene Kreationen dienen. Im einzelnen genauer erläutert wird das Paradekissen »Ananasscheiben« auf Seite 51.

Werkzeug:
Aquarellpinsel, Synthetik, Größe 12, Katzenzungenpinsel Größe 2, drei Einfüllpinsel, Ringpinsel der Größe 2.

Farben:
DEKA-Silk: Gelb, Pink, Ultramarin für Bänder, Pistazie, Pink, Schwarz für Ananasscheiben, Silbergau, Scharlach, Bordo, Schwarz für Hintergrund.

Technik:
Rollier-Technik gerollt, gekippt, gezogen, flächenhaftes Malen des Hintergrundes.

»Hieroglyphen«. In der Rollier-Technik aufgetragene Hieroglyphen brauchen nicht entziffert zu werden.

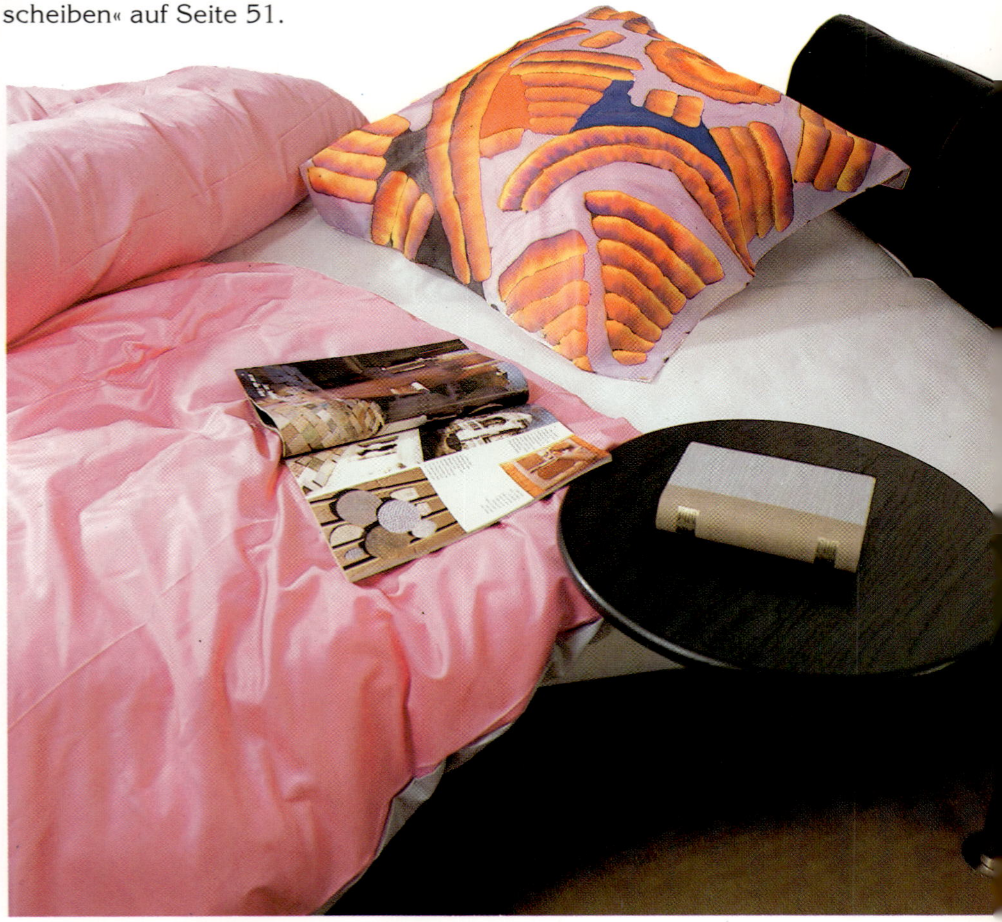

So wird's gemacht (S. 51): Doppelbänder mit Flachpinsel ziehen und mit Rundpinsel rollieren. Siehe Abbildung 1. Girlandenartige Bänder mit Pinsel (36 mm) kippen. Siehe Abbildung 2. Ananasscheiben mit Aquarellpinsel halbkreisförmig rollen. Siehe Abbildung 3.
Hintergrund mit Katzenzungenpinsel ausmalen (auch Zwischenräume innerhalb der Doppelbänder!). Auch ohne Guttabegrenzung lassen die trockenen Farbmotive die Hintergrundfarbe nicht übertreten, wenn gut dosiert wird. Siehe Abbildung 4.
Arbeitszeit: ca. 3 – 4 Std.

»Liebesnest«. Dieses Nest ist zwar nicht schnell gebaut, aber es erfreut Herz und Sinne. (Vorlagen nach Belieben zeichnen oder Motiv von S. 67 verwenden.)

① Das Doppelband besteht aus einem gezogenen und einem gerollten Pinselzug.

② Das girlandenartige Band entsteht durch Kippen. Eine kleine Verweildauer auf der Pinselkante bewirkt die Ausbuchtungen.

③ Der Aquarellpinsel faßt nicht viel Farbe. Für einen Halbkreis sollte sie aber reichen!

④ Von den trockenen Farbfeldern wird die Farbe des Hintergrundes auch ohne Begrenzungsmittel aufgehalten, wenn sie nicht zu massiv aufgetragen wird.

Die Bänder erinnern an Ananasscheiben, weil sie halbrund sind und in Gelb liegen.

Das Applizieren mit Vliesofix ist auch auf Karton möglich. Exaktes Arbeiten ist wichtig, besonders beim Gestalten der Ecken.

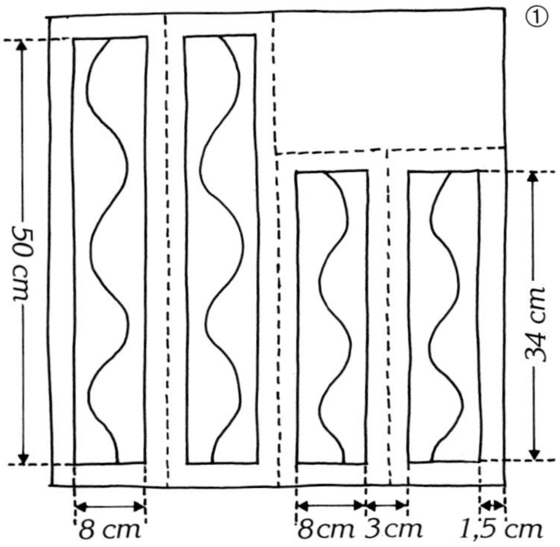

①

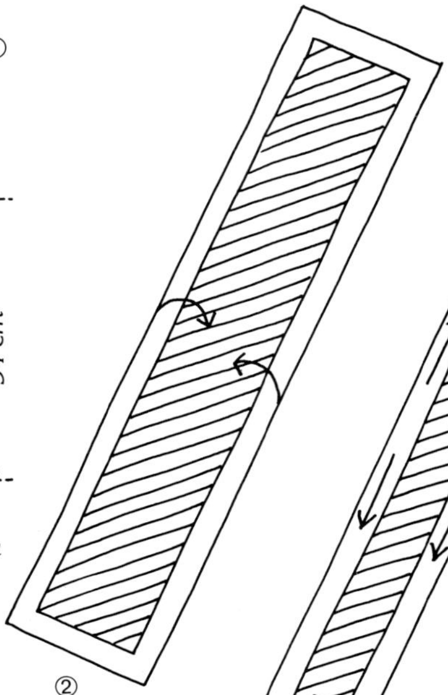
②

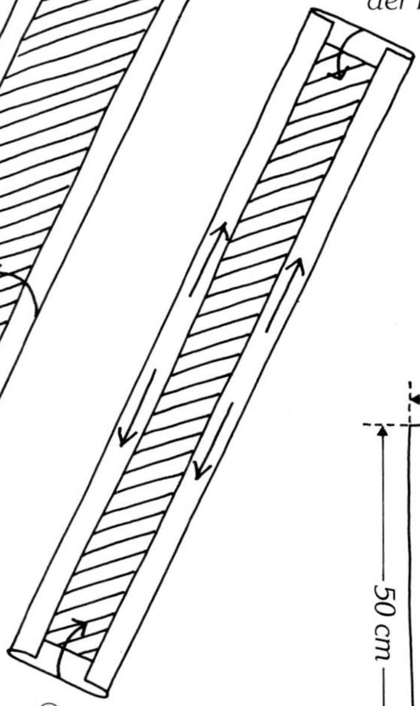
③

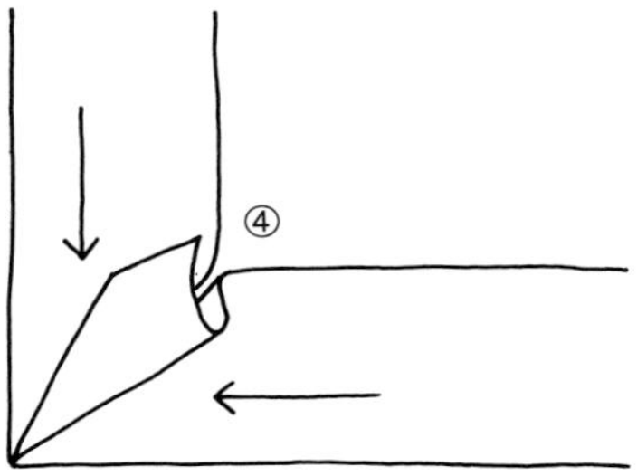
④

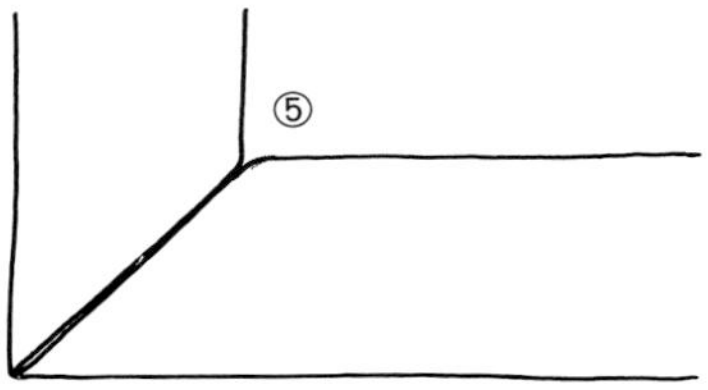
⑤

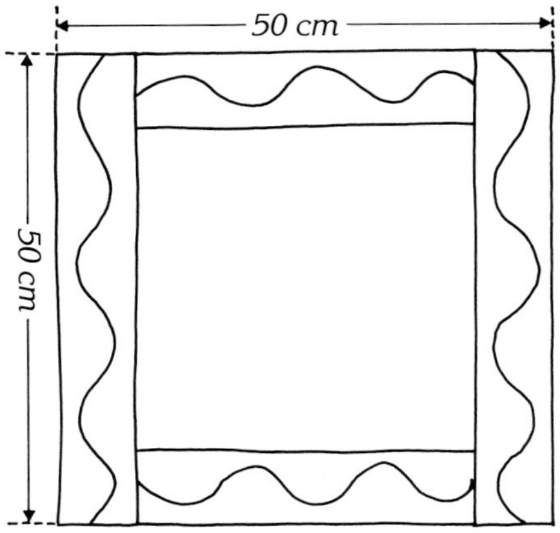

⑥

Spiegelrahmen »Blaubeer-Ranke«

Der Rahmen wird zum Schmuck auf den Spiegel geklebt.

Material:
Spiegel (50 x 50 cm), Metallaufhänger, Zwei-Komponentenkleber, Spiegelkleber Agomet, der die Spiegelbeschichtung nicht angreift, je zwei Stück Karton, weiß, 1,5 – 2 mm (50 x 8 cm und 34 x 8 cm), am besten zuschneiden lassen, Pongé 08 mit Nahtzugabe (53 x 44 cm) Vliesofix.

Werkzeug:
Phantomstift, Katzenzungenpinsel der Größe 2, Wattestäbchen, Falzbein.

Farben:
DEKA-Silk: Türkis, Rauchblau, Ultramarin für Motive, Silbergrau, Lachs, Pistazie für Hintergrund. Farbgutta: Grün und Violett für Stiele und Stengel.

Technik:
Wattestäbchen-Maltechnik, flächenhaftes Malen des Hintergrunds, Ornament-Technik, Applizieren mit Vliesofix auf Karton.

So wird's gemacht:
Ein Seidentuch wird flach ausgelegt.

Die Rahmenteile des Spiegels werden aus Karton ausgeschnitten und nebeneinander auf der Seide ausgelegt. Zwischen den Teilen bleibt ein Zwischenraum von 3 cm als Nahtzugaben (je 1,5 cm) (Bild 1).

Mit einem Phantomstift werden die Umrisse der Kartons aufgezeichnet.

Die Kartons werden jetzt wieder entfernt und innerhalb der Markierungen wird die Seide bemalt (Bild 1).

Die Seide wird jetzt am Stück mit Vliesofix kaschiert (die Malerei dabei gleichzeitig fixiert).

Die Einzelteile werden mit Nahtzugabe ausgeschnitten (Bild 2).

Die Schutzfolie des Vliesofix wird entfernt.

Die Seidenmalerei wird bei mäßiger Hitze (höchstens Einstellung

»Seide« beim Bügeleisen) auf die Kartons aufgebügelt.

Die Nahtzugaben werden um die Kartons herumgebügelt (Bild 3).

Die Ecken werden sauber ausgeformt (Bild 4), die überschüssige Seide abgeschnitten (Bild 5).

Die Rahmenteile werden mit Zwei-Komponentenkleber auf den Spiegel geklebt (Bild 6), der Metallaufhänger mit Spiegelkleber Agomet auf der Spiegelrückseite befestigt.

Arbeitszeit: ca. 3 – 4 Std.

Der Rahmen ist eine Attrappe. Er hat »nur« ästhetische Bedeutung.

Fenster-Triptychon »Bäume im Park«

Material und Werkzeug:
Pongé 08 (93 x 42 cm), vorgewaschen, durch gezogene Fäden in drei gleiche Felder geteilt, »Echtleinen-Passepartout-Karton«, lindgrün (1,7 mm), 6 Rahmen (Maße: 42 x 31 cm außen, obere und untere Leistenbreite je 2,8 cm, rechte und linke Leistenbreite je 2,2 cm), Alleskleber, Flachpinsel (36 mm und 60 mm) für Baumstämme, Wattebäusche für Blattwerk, Fön, eventuell Teppichmesser, wenn Sie die Rahmen selber zuschneiden.

Technik:
Freie Pinsel- und Wattemalerei. Rahmenmontage: Seidenmalerei zwischen die drei Rahmenpaare (am besten zuschneiden lassen!) mit Alleskleber exakt kleben, nur einen sehr kleinen Zwischenraum an den Gelenkstellen lassen, nach Trocknen vorsichtig abwinkeln.

Arbeitszeit: ca. 1 Std. für die Malerei.

Der Blick aus dem Fenster könnte immer in einen lichten Park mit schönem Baumbestand gehen.

Fenster-Triptychon »Toscana«

Material und Werkzeug:
Gleiches Material wie für »Bäume im Park«, zusätzlich Wattestäbchen und Katzenzungenpinsel der Größe 2.

Technik:
Mit den Flachpinseln Hügel und Himmel ziehen, mit Wattestäbchen-Maltechnik Büsche und Bäume aufsetzen (siehe Detail Seite 17), mit Katzenzungenpinsel Zwickel zum Horizont flächig ausmalen.

Arbeitszeit: ca. 2 Std. für die Malerei.

Diese erholsame Urlaubslandschaft können Sie immer vor Augen haben.

Raumteiler »Biedermeier«

Material:
Seidenjacquard 138 x 138 cm, selbst handgesäumt, oder Pongé 08, fertig gesäumt, Bambusstab ca. 65 cm lang, zwei 1 m lange Lederriemen

Werkzeug:
Spannrahmen 140 x 140 cm, Markierungsnadeln, 6 dicke Rundpinsel aus Haar oder Synthetik oder Verwaschpinsel Gr. 2, Fön, Universalhandsäge, Spiralbohrer, Wattestäbchen

Farben:
Gutta: farblos
Silk: Flamingo, Lachs, Cyclam, Kastanienbraun, Aubergine für die Blüten.
Sand, Silbergrau, Petrol für den Hintergrund des Mittelfeldes.
Silbergrau, Petrol, Schwarz für den Hintergrund der breiten Randbordüre.

Technik:
Wasser-Blumen-Technik

So wird's gemacht:
Seide auf Rahmen spannen, Wasserblumen auf die Fläche zaubern, gelungene Erblühungen sofort mit Fön fixieren, auf schwachen Blüten nach dem Trocknen einen zweiten Versuch machen. Bei Jacquard entsprechend seiner Musterung Hintergrund mit farbloser Gutta in Flächen aufteilen, bei Pongé nach eigenem Gutdünken. Randbordüre festlegen, Flächen mit wenig Farbe ausmalen, Farbverlauf im Auge behalten, überschüssige Farbe sofort mit Wattestäbchen aufnehmen, notfalls Farbe gezielt nachliefern. Nach einiger Erfahrung hört dann die Hintergrundfarbe exakt an den Rändern der Wasserblumen zu fließen auf, wenn die Farbmenge richtig taxiert wurde. Fixierbügeln, bei Jacquard lieber 4 statt 3 Minuten. Farblose Gutta auswaschen, glattbügeln.

Per Hand im Steppstich Schlaufe nähen (s. Zeichnung Z5), Bambusstab so zusägen, daß er mit Verknotungen abschließt, Löcher bohren, Stab durch Schlaufe schieben, Lederriemen durch die Bohrlöcher führen und verknoten.

Arbeitszeit: ca. 15 Std.

Ein individuell gestalteter Raumteiler ist nicht nur ein zweckmäßiger Gegenstand, sondern auch ein markanter und interessanter Raumschmuck.

Wandbehänge

Wandbehänge laden zur Besichtigung ein. Ihr Anblick soll anregen, entspannen und erfreuen.

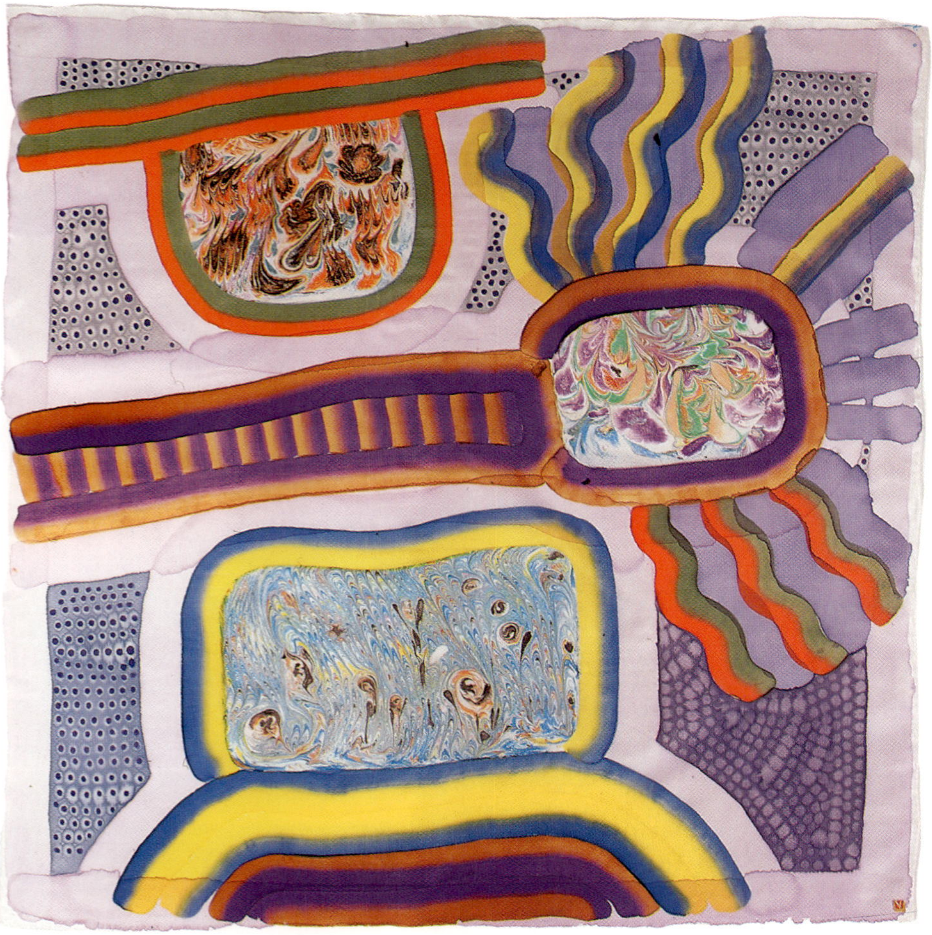

»Marmorfelder«. Auf eine noch unbemalte Seide werden Seidenmarmorierungen appliziert als Kristallisationspunkte für die weitere Gestaltung mit DEKA-Silk.

Unten links:
»Mikrokosmischer Röhrentanz«. Die drei Variationen der Rollier-Technik sind hier vereint. Ein dreidimensionaler Effekt entsteht durch das Aufmalen schwarzer Gutta-Ovale auf die gezitterten Farbbänder.

Unten rechts:
»Im Zaubergarten«. Gutta wird als Konturmittel und als Malfarbe verwendet. Zu den »glänzend gemalten« Motiven kontrastiert der vergleichsweise matte Hintergrund (vgl. Detail Seite 29).

»Gitter der Verheißung«. Eine schwarze (Gutta) und eine regenbogenfarbene Bildebene (DEKA-Silk) erzeugen räumliche Tiefe. Das schwarze Gitter deckt auch alle nicht so geglückten Stellen der Malerei zu.

»Die Möve Jonathan«. Auf luftigem Hintergrund ein kompaktes Motiv (siehe Vorlagen Seite 72). Auf Seidenmalfarbe Stoffmalerei, auf Stoffmalerei eine Farbgutta-Zeichnung (siehe auch Detail Seite 30).

Wandbehang »Italienische Nacht«

Material:
Seidenjacquard (oder Pongé 08) 90 x 56 cm, Nähgarn in Seide oder Baumwolle, Wattebäusche, Wattestäbchen, Pergamentpapier, 2 Rundholzstäbe 94 cm lang, 5 mm Durchmesser

Werkzeug:
Spannrahmen, Markierungsnadeln, Kugelschreiber, Kohlepapier, Verwaschpinsel, Flachpinsel Synthetik Gr. 2, Nähnadel

Farben:
Gutta: Silber, Gold, Kupfer, Grün, Blau, Violett, Schwarz. Pink für einzelne Akzente auf den Gebäuden
Silk: Pastellgelb, Gelb, Grün, Tiefgrün, Azur (Himmel), Ultramarin (Meer), Violett + Tiefgrün (Gebirge)

Technik:
Wattebausch-Maltechnik

So wird's gemacht:
Die beiden Längsseiten zu je einer 3 cm weiten Schlaufe per Hand mit Steppstich umnähen.
Vorlage von Seite 70/71 vergrößern, auf die Seide übertragen, Motive mit verschiedenfarbigen Guttalinien nachzeichnen, trocknen lassen. Gutta mit Fön zwischenfixieren. Mit Wattebausch-Maltechnik aquarellartig und über die Guttalinien hinweg Farbflächen über das Motiv legen. Mit Wattestäbchen z.B. Dunkelheiten in die Baumkronen setzen, mit Guttalinien und -flächen die Gebäude akzentuieren und präzisieren.
Unter Pergamentpapier fixierbügeln.
Rundholzstäbe durch die Schlaufen schieben, auf zwei Nägeln aufhängen.

Arbeitszeit: ca. 15 Std.

Der Seidenjacquard bereichert die italienische Nacht durch seinen flimmernden Glanz (siehe auch Buchumschlag).

Der Wandbehang »Blumen aus Mexiko«

wird nun genauer erklärt. Er zeigt die Kombination verschiedener Techniken. Dadurch erhält er sein exotisches Flair.

Material:
Pongé 08, fertig gesäumt, (90 x 90 cm), unbehandelt.

Werkzeug:
Zwei Aquarellpinsel der Größe 10, Katzenzungenpinsel der Größe 2, Flachpinsel der Größen 1, 6, 8, 12.

Farben:
DEKA-Silk: Lachs, Pink, Scharlach, Violett, Azur für die Blüten; Lachs, Pink, Bordo, Türkis, Azur für den Hintergrund.

Farbgutta: Kupfer und Grün im Glas. Gold, Kupfer, Pink, Rot, Violett, Blau, Grün und Schwarz im Fläschchen.

DEKA-PermDeck: Scharlach, Karmin, Hellbraun, Blau.

Technik:
Wasser-Blumen-Technik, Stoffmalfarbe auf Seidenmalerei, Farbgutta auf Stoffmalerei, Ornament-Technik.

Reich an Farben und Formen wie die mexikanische Folklore ist diese Malerei »Blumen aus Mexiko«.

So wird's gemacht:
Blütengruppe in freier Wasser-Blumen-Technik entstehen lassen. Gelungene Blüten belassen. Mißlungene Blüten mit Schwarz und Kupfer übermalen, Stengel und Blätter mit Guttalinien aufzeichnen, mit Braun bzw. grüner Gutta ausmalen. Teilweise gelungene Blüten werden eben nur stellenweise mit Scharlach, Karmin, Blau und Hellbraun übermalt. Mit Ornament-Technik Blütenflächen blumenartig verzieren. Blattadern mit grünen Guttalinien markieren, Kupfervase mit schwarzen Gutta-Ornamenten charakterisieren.
Tapetenstreifen mit blauer Gutta (siehe »Ziehen einer geraden Linie über Hindernisse hinweg«, Seite 13) und Tischtuchstreifen mit violetter Gutta anlegen. Streifen ausmalen, Hintergrund malen. Von links und zwischen Pergamentpapier nach völligem Trocknen fixieren.

Arbeitszeit: ca. 12 – 15 Std.

Wandbild »Strohblumen«

Material und Werkzeug:
Pongé 08, rosafarben (51 x 40 cm), handgesäumt, Flachpinsel der Größen 2, 4, 6, 8.

Technik:
Kiwi-Technik

Arbeitszeit: ca. 4 – 5 Std.

Die beiden Stilleben sind ausschließlich mit Farb gutta gemalt. Die »Kiwi-Technik« und »Ornament-Technik« machen es möglich.

Wandbild »Kiwi-Schale«

Material und Werkzeug:
Pongé 08, grau (51 x 40 cm), handgesäumt.

Technik:
Kiwi-Technik und Ornament-Technik.

Arbeitszeit: ca. 6 – 7 Std.

Neue Ideen für aparte Kleinigkeiten

Die Vorteile hier sind Reste-Verwertung und einfache Herstellung. Das Ergebnis ist gut zu verschenken, leicht zu verschicken. Nicht wertvoll genug? Dann könnten die Buchzeichen mit einem Buch, die Anstecker mit einem Kleidungsstück und die Briefkarten mit einem Gedicht aufgewertet werden.

Für Buchzeichen bietet sich die Ornament-Technik an.

Buchzeichen

Material und Werkzeug:
Doupion in verschiedenen Farben, Lampenschirmkarton, Nähnadel zum Fadenziehen beim Ausfransen.

Technik:
Kaschieren mit Lampenschirmkarton vor der Ornamentierung erübrigt das Aufspannen auf Karton. Es empfiehlt sich das Arbeiten mehrerer Buchzeichen am Stück. Ornament-Technik.

Arbeitszeit: je ca. 1/2 Std.

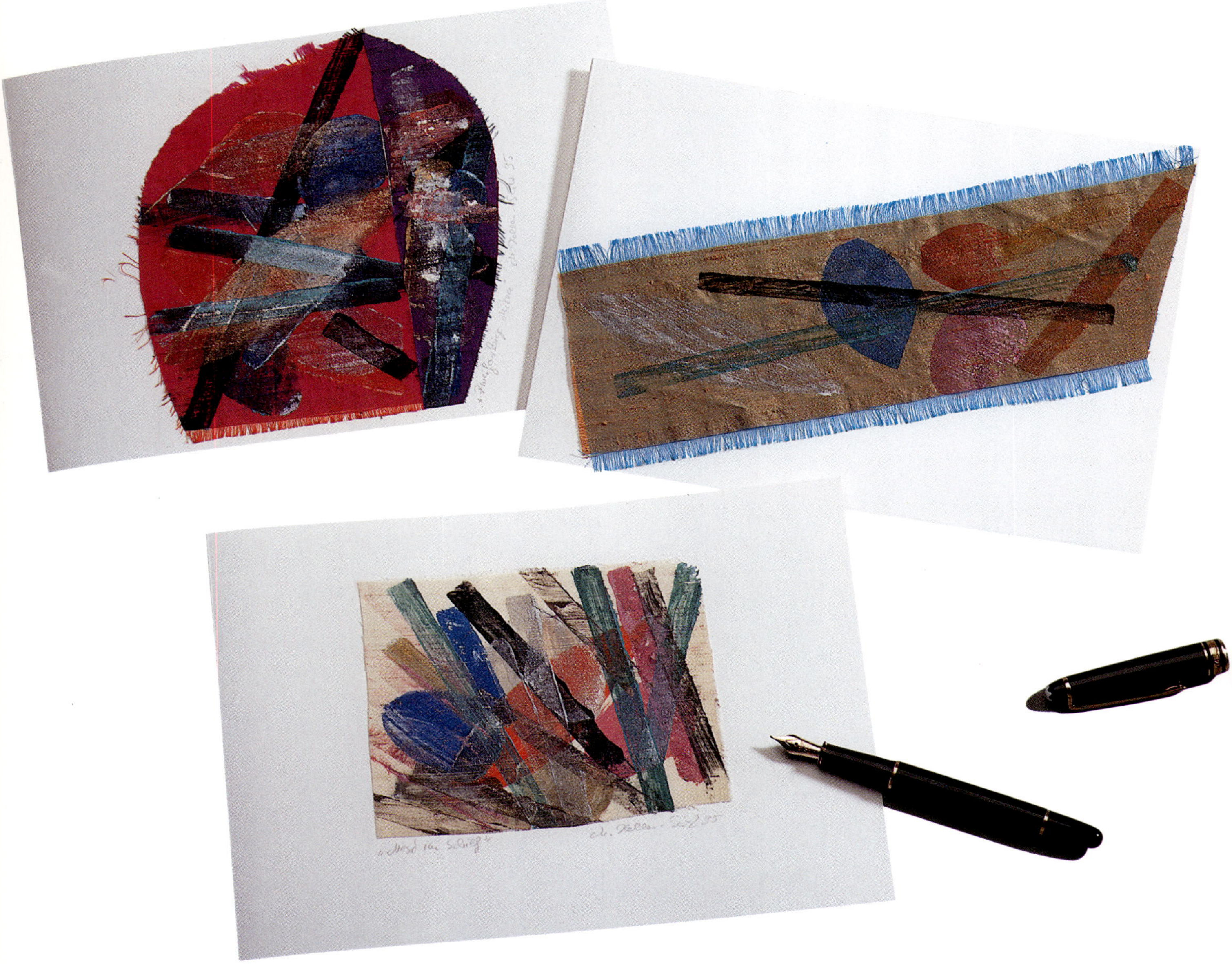

Die Empfänger dürften staunen über die liebenswerte Art der »Seidenreste-Aufbereitung«.

Briefkarten, abstrakt

Material:
Doupionreste, Kartoffel- oder Linoleumstempel, weißer Karton DIN A4, zu DIN A5 gefalzt, Klebstoff, Karton zum Aufpinnen, alte Zeitungen, Pergamentpapier

Werkzeug:
Markierungsnadeln, flacher Borstenpinsel Gr. 10, Nudelholz

Farben:
Gutta aus dem Glas: nach Belieben

Technik:
GuDru-Technik

So wird's gemacht:
Reste auf Karton festmachen, bedrucken, auch übereinanderdrucken, auch verschiedenfarbige Reste kombinieren, auch asymmetrische Formate verwenden, auch Ausfransungen mit einbeziehen.

Von Rückseite bügeln, auf Karton mit ein wenig Klebstoff aufkleben.

Arbeitszeit: ca. je 10 Min.

Briefkarten, figürlich »Weihnachtsmann«

Material:
Doupionseide, weiß, kleiner als DIN-A5, Karton, Karton weiß DIN A4 auf DIN A5 gefalzt, Kohlepapier, Pergamentpapier

Werkzeug:
Markierungsnadeln, Kugelschreiber, Verwaschpinsel, Flachpinsel Synthetik Gr. 2

Farben:
Gutta: Silber, Gold, Kupfer, Pink, Rot, Grün
Silk: Silbergrau, Lachs (Gesicht), Gelb, Scharlach, Siena, Petrol, Tiefgrün, Ultramarin
(Vorlage Seite 69)

Arbeitszeit: ca. 2 Std.

»Schlüpfendes Küken«

Material:
s. o., statt Karton Passepartoutkarte

Werkzeug:
Markierungsnadeln, Kugelschreiber, Verwaschpinsel

Farben:
s. Eierwärmer Seite 41 und nach Belieben

So wird's gemacht:
s. ebenda, unter ovales Passepartout kleben.
(Vorlagen Seite 79)

Arbeitszeit: ca. 30 Min.

»Blumenkorb«

Material:
s. o.

Werkzeug:
Markierungsnadeln, Kugelschreiber, Flachpinsel, Synthetik Gr. 2, kleine scharfe Schere

Farben:
Gutta: Silber, Gold, Kupfer, Pink, Rot, Blau, Violett, Grün

So wird's gemacht:
Guttazeichnung (nur die Korbumrandung ist flächig ausgemalt) trocknen lassen und exakt aus der Seide ausschneiden, sorgfältig alle Ecken und Kanten auf den Karton kleben.
(Vorlage Seite 69)

Arbeitszeit: ca. 1 Std.

Die Weihnachtskarte, die Blumenkorb-Glückwunschkarte und die Osterkarte finden sich vielleicht eines Tages als kleines Bild gerahmt an der Wand.

Bezugsquellen

Bambusstäbe	Bastelgeschäft, Gartenbedarf
Beizmittel	Bastelgeschäft, Drogerie
Briefkarten	Bastelgeschäft, Schreibwaren, Versand
Brokatborte	Kurzwaren
Buchenrundholzstäbe	Bastelgeschäft, Heimwerkerbedarf
Bügelvlieseline	Textilgeschäft
Echtleinen-Passepartout-Karton	Rahmenwerkstatt, Buchbinderei, Künstlerbedarf
Eierwärmer *	Versand, gut sortiertes Fachgeschäft
Farben	Versand, Bastelgeschäft, Künstlerbedarf
Flachpinsel 36 mm, 60 mm	Farbengeschäft
Fotowanne	Fotogeschäft
Guttafläschchen	Bastelgeschäft
Kissenhüllen	Versand, Textilgeschäft, Bastelgeschäft
Kleber (Uhu-Kraft)	Bastelgeschäft, Drogerie, Schreibwaren
Kohlepapier	Schreibwaren
Krawatten	Versand, Bastelgeschäft
Krawattenfliege	Versand, Bastelgeschäft
Lampenschirmkarton	Bastelgeschäft
Lederriemen	Bastelgeschäft
Linoleum	Bastelgeschäft
Markierungsnadeln	Schreibwaren, Bastelgeschäft
Metallfedern	Bastelgeschäft
Passepartoutkarten	Versand, Bastelgeschäft, Schreibwaren
Passepartoutkarton	Rahmenwerkstatt, Künstlerbedarf, Buchbinderei
Phantomstifte hell und dunkel	Bastelgeschäft
Pinsel	Künstlerbedarf, Bastelgeschäft, Versand
Pipetten	Bastelgeschäft, Drogerie, Apotheke
Ringpinsel	Farbengeschäft
Rosenkranzzange	Bastelgeschäft, Eisenwaren, Heimwerkerbedarf
Schaumstoffrolle	Bastelgeschäft, Heimtextilien
Schmuckmontagen	Versand, Bastelgeschäft
Schrägband, Seide *	Versand, gut sortierter Fachhandel
Seidener Nähfaden *	Versand, gut sortierter Fachhandel
Seidenstoffe	Versand, Textilgeschäft
Seidentücher, rolliert	Versand, Bastelgeschäft
Spannrahmen	Versand, Bastelgeschäft
Spiegel	Glaserei, Heimwerkerbedarf
Spiegelkleber (Agomet)	Glaserei, Heimwerkerbedarf
Steppseide auf Baumwollvlies *	Versand, gut sortierter Fachhandel
Tapetenkleister	Farbengeschäft, Drogerie
Teewärmer *	Versand, gut sortierter Fachhandel
Teppichmesser	Heimwerkerbedarf, Eisenwaren
Transparentpapier	Schreibwaren
Vliesofix	Bastelgeschäft, Textilgeschäft
Zweikomponenten-Kleber	Bastelgeschäft, Farbengeschäft

* Artikel von »Ideen in Stoff«

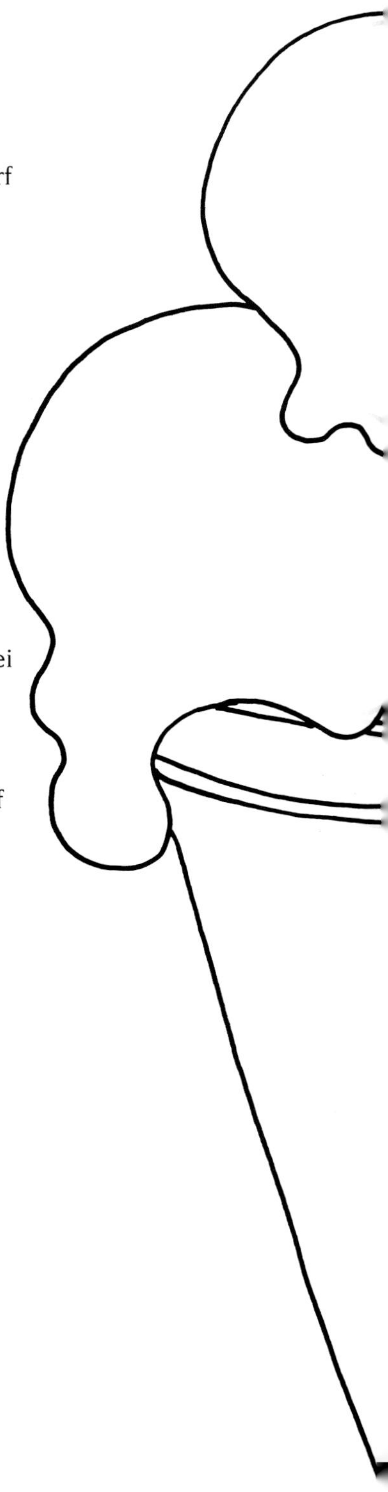

Vorlagen zum Übertragen

Originalgröße

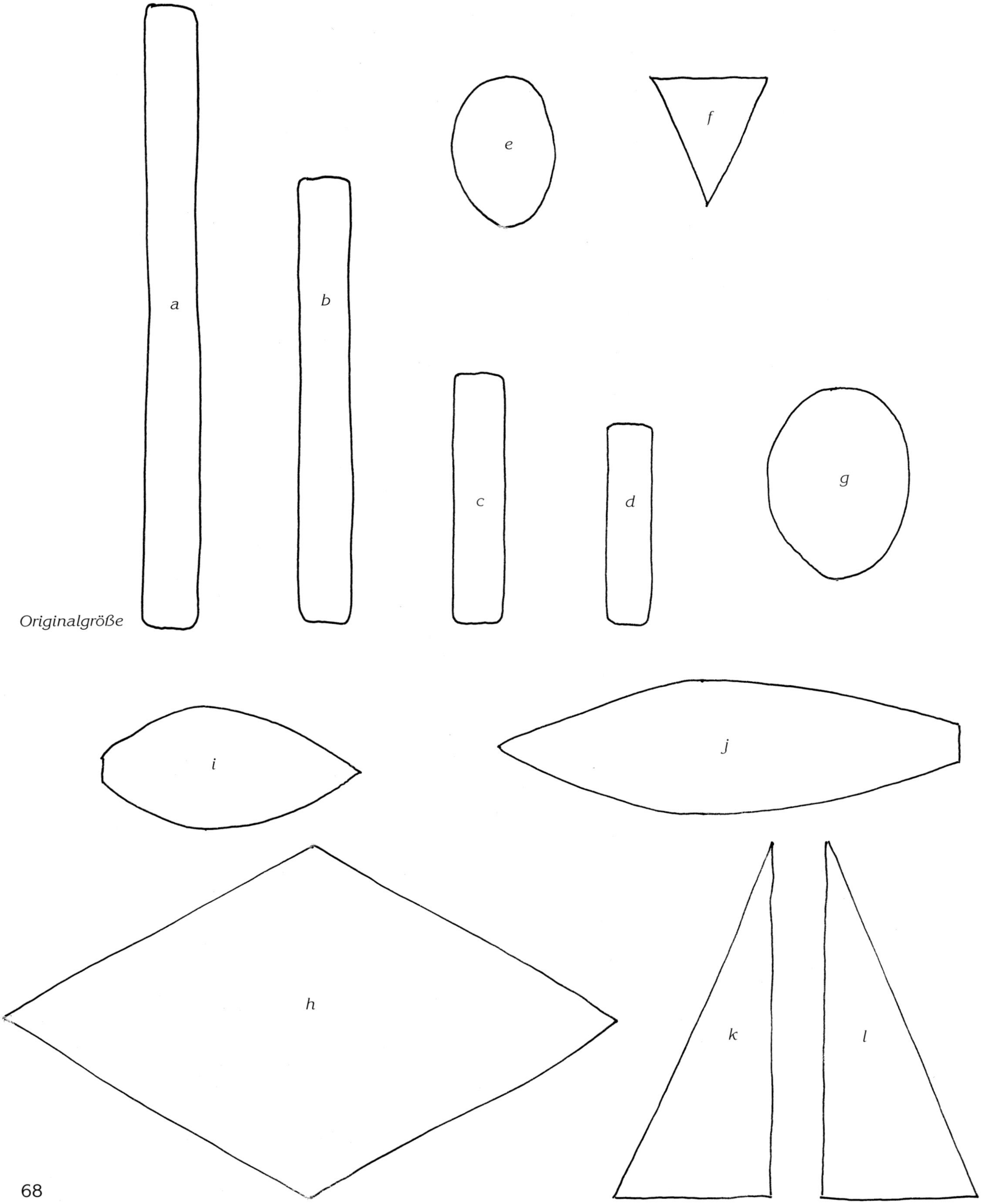

Originalgröße

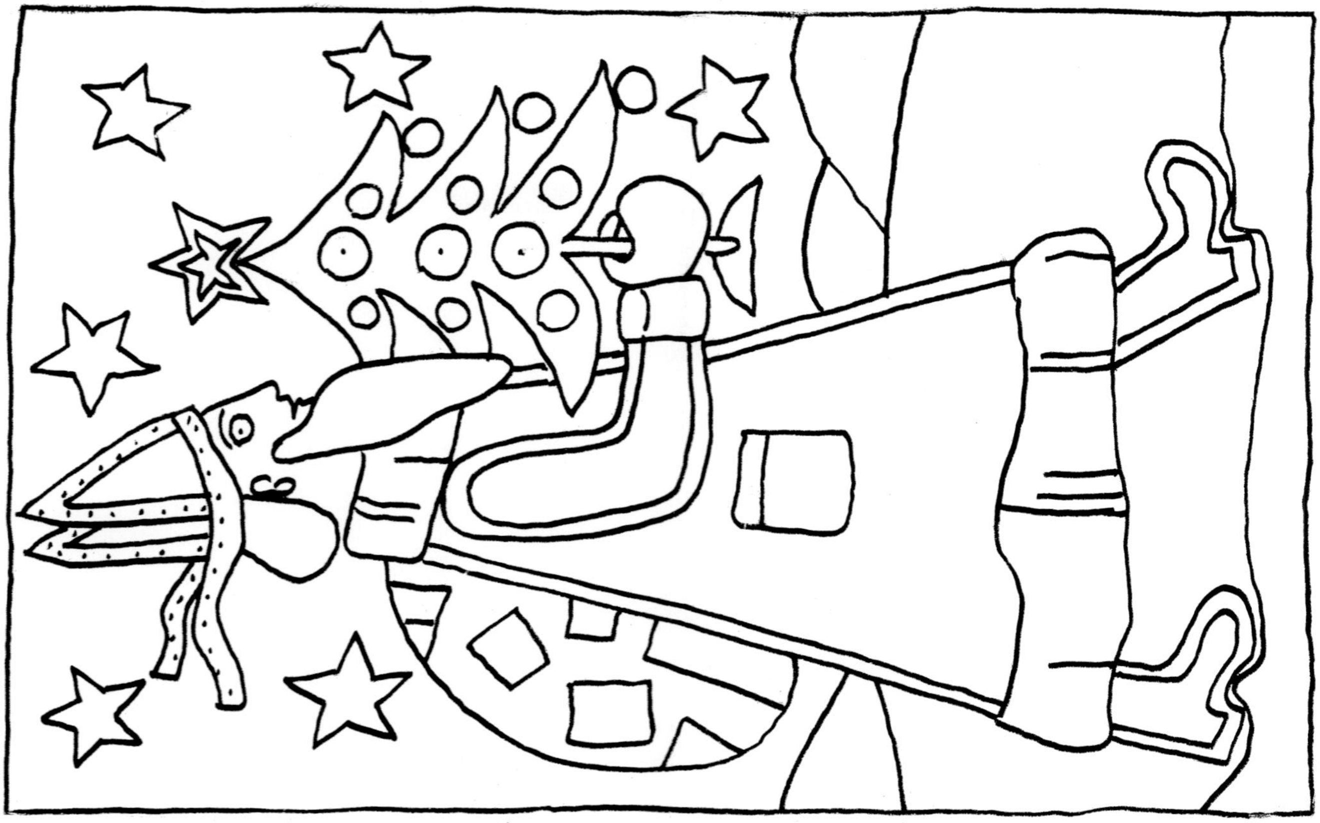

Originalgröße

Originalgröße

Originalbreite 94,5 cm

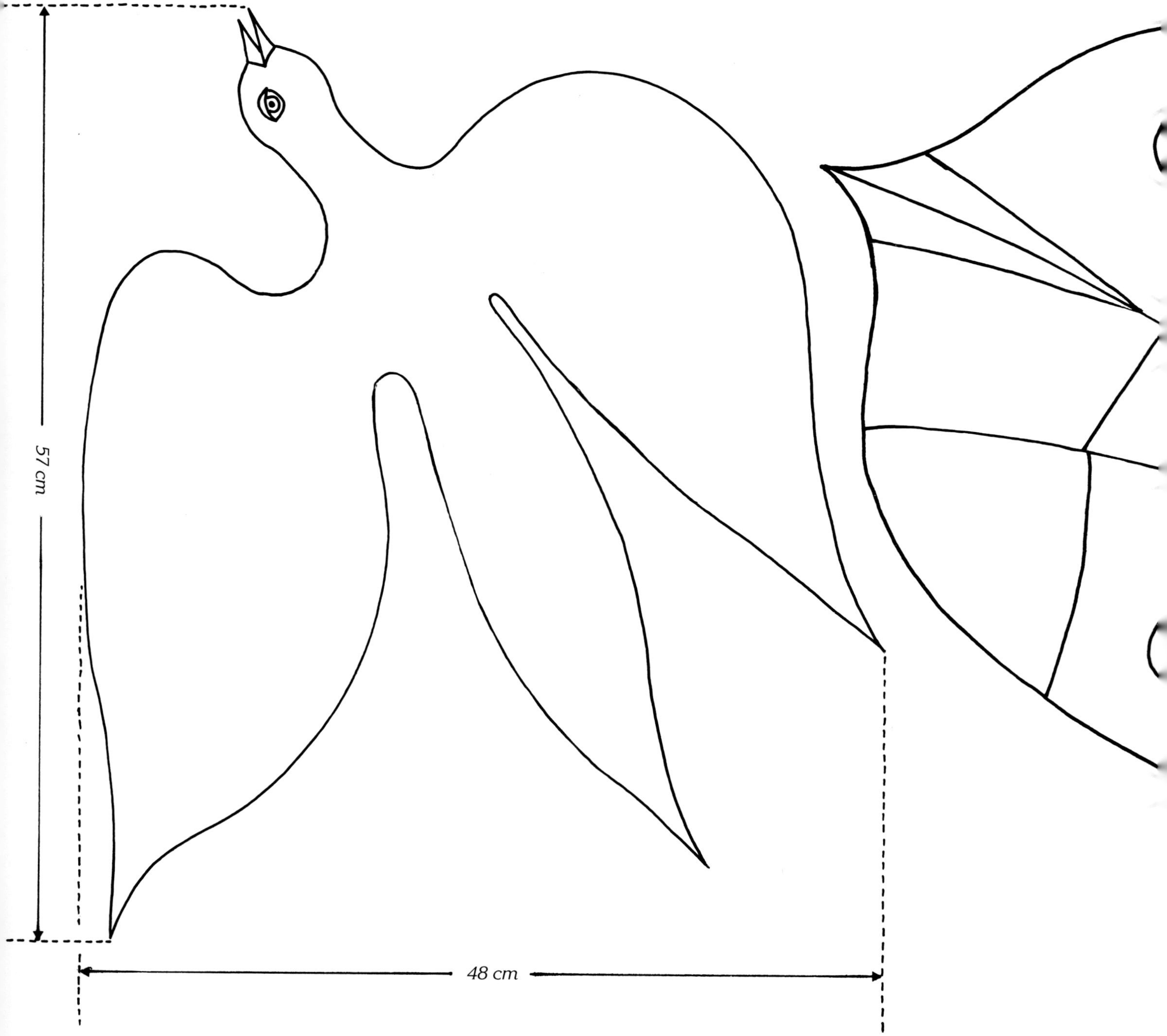
57 cm
48 cm

Originalgröße

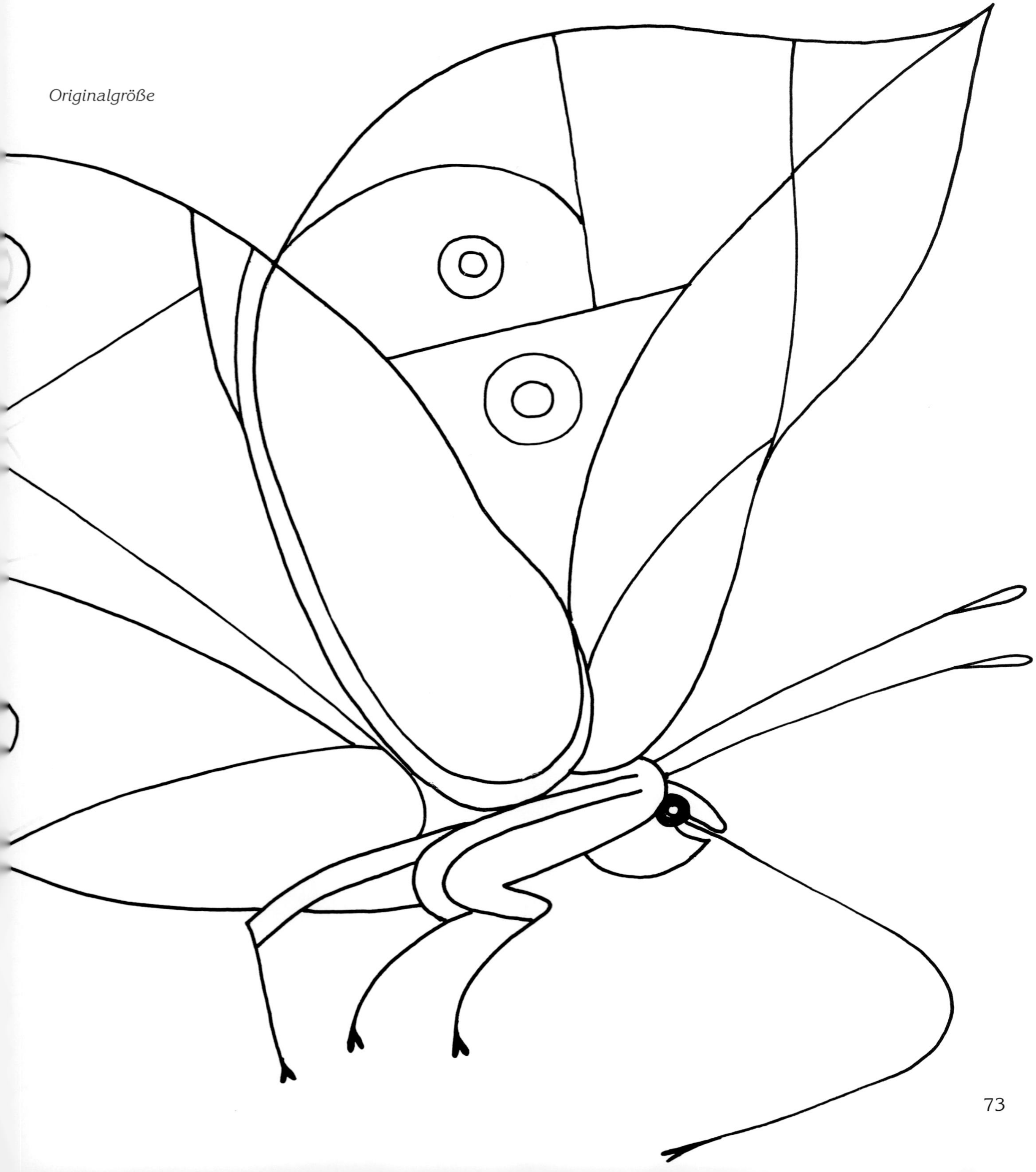

Originalgröße

15,5 cm
64 cm
34 cm

26,2 cm
24,5 cm

Originalbreite 38 cm

Originalgröße

Über die Autorin

Marianne Heller-Seitz studierte Malerei, Grafik und Kunsterziehung an der Akademie der Bildenden Künste in München und war bis 1974 an Münchner Gymnasien und am Staatsinstitut II als Kunsterzieherin tätig. Seit 1975 ist sie freischaffende Malerin und Autorin. Sie lebt seit 1979 in Augsburg. Ihre Vorliebe gilt textilen Techniken, vor allem der Batik und seit einigen Jahren der Seidenmalerei. Beide Techniken unterrichtet sie an Volkshochschulen und privat. Ausstellungen im In- und Ausland machten ihre Arbeiten bekannt.

Publikationen u.a.:

»Stoffmalerei mit Glanz und Glitter«, 1994 bei Augustus Verlag, Augsburg

»Neue Ideen für Seidentücher«, Vorlagenmappe 1994, ebenda

Danksagung

Frau **Ursula Köhler** gilt mein besonderer Dank für die Herstellung der Marmorierarbeiten auf Seite 22 und 23.

Die Marmorierungen für die Täschchen »Frühlingswind« (Seite 34) und »Tiffany« (Seite 35), die Patchwork-Decke »Sanssouci« (Seite 43) und den Wandbehang »Marmorfelder« (Seite 57) wurden der Autorin zur weiterführenden Gestaltung großzügigerweise überlassen.

Frau Köhler zeichnet ferner verantwortlich für das Kapitel »Marmorier-Technik« (Seite 20 ff).

Frau **Diana Ebner** danke ich für die freundliche Erlaubnis, die von ihr in einem meiner Seidenmalkurse entwickelte »Rollier-Technik« (Seite 24) übernehmen und veröffentlichen zu dürfen.

Frau **Christl Freihalter** bin ich dankbar für Näharbeiten an den Täschchen »Frühlingswind« und »Tiffany« und der Patchwork-Decke »Sanssouci«.

Herrn **Jürgen Krebs** möchte ich an dieser Stelle danken für die Farbfotos von Arbeitsphasen der Wandbehänge auf den Seiten 19 und 60.

Verlag und Autorin danken den Firmen **Thöner Wohnen** und **Livings** in Augsburg für die Erlaubnis, einige Raumdekorationen in ihren Räumen fotografieren zu dürfen (siehe Abbildungen S. 49, 50).

Die Deutsche Bibliothek –
CIP-Einheitsaufnahme

Neue Ideen für das Malen auf Seide:
mit Vorlagen in Originalgröße/Marianne Heller-Seitz. – 2., überarbeitete Auflage, Augsburg: Augustus-Verl., 1996
ISBN 3-8043-0400-1

Von Marianne Heller-Seitz sind im Augustus Verlag auch das Buch »Stoffmalerei mit Glanz und Glitter« sowie eine Vorlagenmappe mit dem Titel »Neue Ideen für Seidentücher« erschienen.

Fotografie: Annette Hempfling, München; Klaus Lipa, Augsburg (Umschlag und S. 1, 6, 33, 36, 41, 47, 48 (li. u.), 54, 56, 59, 64, 65); Porträt der Autorin (S. 79): Fred Schöllhorn, Augsburg
Lektorat der Neuauflage: Helene Weinold-Leipold
Umschlaggestaltung: Christa Manner, München
Layout: Anton Walter, Gundelfingen

Augustus Verlag Augsburg 1996

Völlig überarbeitete Neuauflage.

Satz: Gesetzt aus 10 Punkt Korinna in Quark-X-Press von Walter Werbegrafik, Gundelfingen
Reproduktion: Color Line, I-Verona
Druck und Bindung: Appel, Wemding
Gedruckt auf 120 g umweltfreundlich chlorfrei gebleichtes Papier.

ISBN 3-8043-0400-1
Printed in Germany